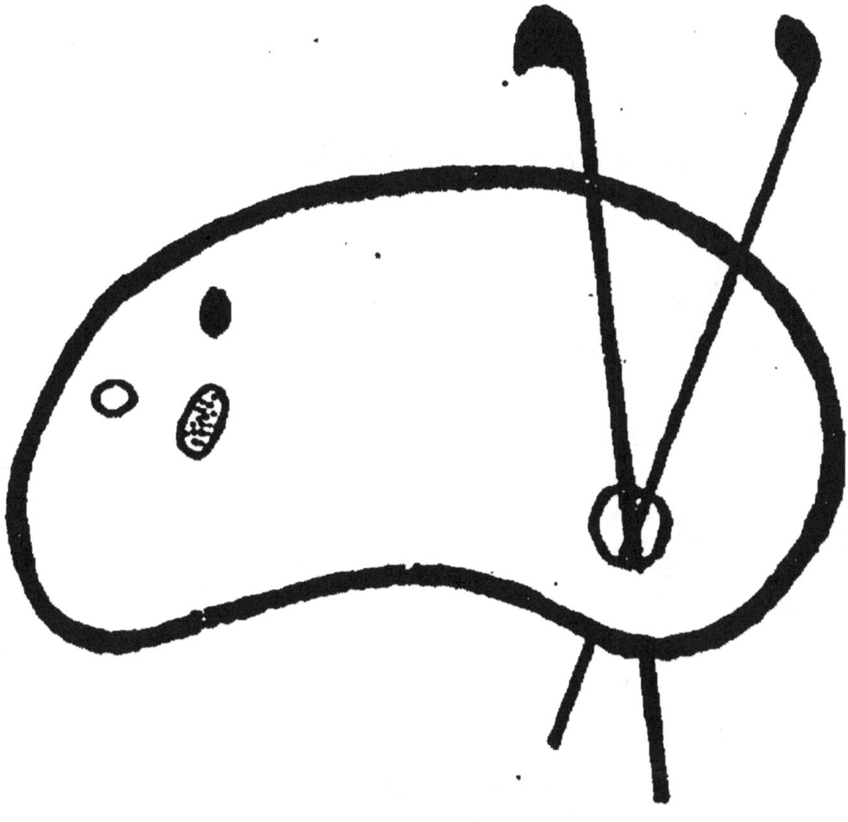

ORIGINAL EN COULEUR
NF Z 43-120-8

Monseigneur HERSCHER
ARCHEVÊQUE DE LAODICÉE
ANCIEN ÉVÊQUE DE LANGRES

LA GRANDE GUERRE

À la Gloire
DE
L'ALSACE

Prix : 2.25

PARIS
P. LETHIELLEUX, LIBRAIRE-ÉDITEUR
10, RUE CASSETTE, 10

P. LETHIELLEUX, Éditeur, 10, rue Cassette PARIS (VIe)

OUVRAGES DU MÊME AUTEUR

CONTRE LES BARBARES

In-8 écu.. 3.50

LA GRANDE GUERRE A LA LUMIÈRE DE LA BIBLE
d'après Karl DUNKMANN
Traduit de l'allemand
Notes et Commentaires de Mgr S. HERSCHER
ARCHEVÊQUE DE LAODICÉE

In-12.................................... **1.25**; *franco*, **1.35**

CURÉS, SAC AU DOS! Visions de paix, visions de guerre, par Franciscus. Lettres de S. E. le Card. Luçon, archevêque de Reims, et de S. E. le Card. Amette, archevêque de Paris. Préface de Frédéric Masson, de l'Académie française (*Se vend au profit de l'Œuvre des blessés militaires*). I. 12......... **2 »**

DIEU AVEC NOUS! *Gott mit uns!* par Franciscus. Préface de M. le chanoine Collin, directeur du *Lorrain*, de Metz. Lettres de S. E. le Card. Gasparri, secrétaire d'État de S. S. le Pape Benoît XV, et de LL. EE. le Card. Luçon, archevêque de Reims, le Card. Amette, archevêque de Paris, et de S. G. Mgr André du Bois de la Villerabel, évêque d'Amiens. Fort vol. in-12................................ **4 »**

NOS DEUX PATRIES : L'Église et la France, par G. Arnaud d'Agnel, docteur en Théologie et en Philosophie, aumônier du lycée de Marseille. In-16 jésus......... **1.50**
Franco... **1.70**

BENOIT XV ET LE CONFLIT EUROPÉEN, par G. Arnaud d'Agnel, docteur en Théologie et en Philosophie, aumônier du Lycée de Marseille. 2 vol. in-12......... **7 »**

LA PATRIE. Conférences, Discours et Allocutions par le R. P. M.-A. Janvier, des Frères Prêcheurs, Prédicateur à Notre-Dame de Paris. In-8............. **1 »**; *franco*, **1.10**

QUELQUES LEÇONS DU TEMPS DE GUERRE, par S. G. Mgr Touchet, évêque d'Orléans. I. Catéchisme bref sur la guerre. — II. Les dévotions du temps de guerre. — III. Allocutions aux blessés militaires. — IV. Condoléances à ceux qui ont perdu de leurs proches dans la guerre. In-12................................ **1.80**; *franco*, **2 »**

FORCE ET LUMIÈRE POUR LE TEMPS DE L'É- PREUVE, par l'abbé Émile Favier, docteur en Théologie. In-16 jésus................................... **1.50**

LA JEUNE GÉNÉRATION EN ALSACE-LOR- RAINE, par l'abbé Wetterlé, ancien membre du Reichstag. Préface par Henri Welschinger, membre de l'Institut. In-12............................... **0.50**; *franco*, **0.55**

NOS ALLIÉS DU CIEL. *Conférences*, par l'abbé Stéphen Coubé, chanoine honoraire d'Orléans et de Cambrai. In-12. Prix... **3 »**

Paris. — DEVALOIS, 111, av. du Maine (II dans le passage).

LA GRANDE GUERRE

A la Gloire
DE
L'ALSACE

OUVRAGES DU MÊME AUTEUR

SOUVENIRS ET IMPRESSIONS :
        Mon Voyage en Italie.
   In-12 de viii-386 pages — 1888.   (épuisé)

L'ALSACE :
    Ses idées, ses hommes, ses œuvres.
   In-12 de viii-387 pages — 1889.   (épuisé)

LES VOIX D'EN-HAUT. Discours et allocutions.
   In-12, 250 pages — 1889.   (épuisé)

LA MUSIQUE RELIGIEUSE.
   In-8° — 67 pages.   (épuisé)

Librairie P. LETHIELLEUX

LA GRANDE GUERRE.
    CONTRE LES BARBARES
   In-12 (200 pages) 2.25

LA GRANDE GUERRE A LA LUMIÈRE DE LA BIBLE,
    d'après M. Karl DUNKMANN.
 In-12.

Cet ouvrage a été déposé, conformément aux lois, en juin 1916.
        TOUS DROITS RÉSERVÉS

Monseigneur HERSCHER
ARCHEVÊQUE DE LAODICÉE
ANCIEN ÉVÊQUE DE LANGRES

== *LA GRANDE GUERRE* ==

A la Gloire
DE
L'ALSACE

PARIS
P. LETHIELLEUX, LIBRAIRE-ÉDITEUR
10, RUE CASSETTE, 10

La double Résurrection
de l'Alsace

I

La Légende de Saint Materne

Une tradition ancienne, et qui a pour soi de très grandes authenticités, veut que le premier évangélisateur de l'Alsace ait été saint Materne. Des historiens se sont rencontrés, naturellement, et cela depuis plusieurs siècles, pour refuser d'admettre cette tradition vénérable, et pour inviter, plus ou moins courtoisement, saint Materne à aller rejoindre dans le domaine de la légende une foule d'autres saints et saintes, non moins aimés de nos pères. Mais je dois ajouter que ə premier apôtre de l'Alsace s'est toujours bravement .fendu dans tous les assauts menés contre lui par la critique et l'hypercritique afin de le contraindre à se démettre de sa gloire historique. De génération en génération, depuis le temps de Voltaire jusqu'à nos jours, de savants ouvrages ont paru qui réfutaient énergiquement les objections d'une critique prétendue scientifique, et revendiquaient une fois de plus les droits de saint Materne à être considéré comme un personnage bien réel, et non pas comme un vain fantôme, éclos de l'imagination de quelque moine du moyen âge.

Ne lisons-nous pas dans un écrit de saint Irénée, au II° siècle de notre ère, que « toutes les églises fondées dans les Germanies et les Gaules » professent les croyances de l'Église romaine ? C'est donc que, dès ce moment, les Germanies et les Gaules avaient déjà des églises, et comme il faut nécessairement que ces diverses églises aient eu des fondateurs, et comme, d'autre part, tout le monde s'est toujours accordé à tenir saint Materne pour le premier fondateur de l'Église d'Alsace, l'on ne voit pas pourquoi il n'aurait pas vraiment existé, ni pourquoi il n'aurait pas été l'homme que nous représentent les traditions anciennes.

Or vous savez quel est l'homme que nous représentent ces traditions de jadis? D'après elles, Materne était ce fils de la veuve de Naïm, que Notre-Seigneur avait ressuscité par compassion pour les larmes qu'il voyait couler sur les joues de sa vieille mère. Voici ce que saint Luc nous dit de cette résurrection (1) : « Jésus allait à une ville appelée Naïm, suivi de ses disciples et d'une grande foule. Et comme il était près de la porte de la ville, il arriva qu'on portait en terre un mort : c'était un fils unique, et dont la mère était veuve ; et celle-ci était accompagnée d'une grande quantité de personnes de la ville. Le Seigneur, l'ayant vue, fut touché de compassion pour elle, et lui dit : Ne pleurez point. Puis, s'étant approché, il toucha le cercueil : or, ceux qui le portaient s'arrêtèrent ; et il dit : Jeune homme, levez-vous, je vous le commande.

---

(1) S. Luc, VII, 11 à 13.

Alors, le mort se leva sur son séant, et commença à parler, et Jésus le rendit à sa mère. »

Rappelé à la vie dans ces conditions mémorables, le jeune Materne, après l'ascension de Notre-Seigneur, suivit saint Pierre à Rome, et puis fut envoyé par le chef des apôtres, en compagnie de saint Euchaire et de saint Valère, pour évangéliser les régions du Nord. Arrivés en Alsace, ils s'arrêtèrent quelque temps dans la ville de Helvet, devenue plus tard l'humble village d'Ell, proche de Benfeld, chef-lieu de canton du Bas-Rhin. Là, saint Materne fut pris d'une fièvre maligne, et ne tarda pas à succomber. Ses compagnons l'enterrèrent pieusement ; après quoi ils songèrent un instant à poursuivre sans lui leur apostolat. Mais, décidément, la collaboration du fils de la veuve de Naïm leur était indispensable, de telle manière que, bientôt, saint Euchaire et saint Valère revinrent à Rome, pour déclarer à saint Pierre que la mort de leur compagnon les avait mis hors d'état de remplir leur mission. Et alors, saint Pierre, non plus dans un élan de pitié, comme autrefois son divin Maître, mais par un sentiment tout pontifical de nécessité politique, résolut de rendre à l'Alsace l'évangélisateur qu'elle réclamait. Il remit aux deux pèlerins son propre bâton pastoral (1), et leur ordonna de le poser sur les restes mortels de Materne, en lui enjoignant de reprendre vie. De retour à Ell, Euchaire et Valère suivirent fidèlement les prescriptions du chef

(1) Ce bâton pastoral fut transporté à l'église cathédrale de Trèves où il resta jusqu'au moment de notre grande Révolution. En ce temps-là, les armées françaises ayant envahi le Palatinat, les chanoines de Trèves transférèrent ce précieux trésor à Limbourg, où il est encore présentement, et où il est loisible à un chacun de le voir. Chose curieuse, après avoir exprimé toute la joie qu'il éprouvait à vénérer ce témoignage d'un glorieux passé, un de mes éminents collègues dans l'épis-

de l'Église. Ayant ouvert le tombeau de saint Materne, ils en tirèrent le cadavre, qui déjà, nous dit la tradition, se trouvait à moitié décomposé. Ils mirent sur lui le bâton de saint Pierre, et ordonnèrent au mort de ressusciter. Aussitôt, dit la légende, les nombreux témoins de la scène eurent la surprise de voir ce cadavre déjà rongé par les vers se transformer soudain en un corps plein de santé et de vie. De nouveau le fils de la veuve de Naïm était ressuscité, et je n'ai pas besoin de dire ici combien ce miracle, à lui seul, eut de prix pour convertir au christianisme la population alsacienne.

Né moi-même et élevé dans un village alsacien, j'ai naturellement entendu raconter dès mon enfance l'aventure de saint Materne; et toujours, depuis lors, elle a revêtu à mes yeux une signification symbolique. Certes, d'autres pays peuvent s'enorgueillir d'avoir été évangélisés par des saints plus glorieux que Materne, plus remarquables par leurs origines historiques ou par l'éclat de leurs œuvres ; mais l'Alsace nous offre ce trait particulier d'avoir été convertie à la foi chrétienne par un homme qui, à deux reprises, s'est trouvé ressuscité d'entre les morts. Ne vous semble-t-il pas, lecteur, comme à moi, qu'il y ait là comme un symbole de la vie même de la région évangélisée par le fils de la veuve de Naïm? Ne vous semble-t-il pas que l'Alsace entière participe, en une certaine mesure, de l'étonnante et incomparable vitalité de cet apôtre qui, deux fois, a triom-

---

copat demanda, dans un voyage qu'il fit en ce pays, après 1870, pourquoi Limbourg n'avait pas rendu à Trèves ce monument sacré qui a été incontestablement confié à son auguste cathédrale. Les chanoines de Limbourg répondirent, avec une simplicité que mon ami trouva charmante, qu'ils préféraient garder ce qui leur avait été donné et qu'ils le garderaient bien.

phé de l'épreuve de la mort et que, nécessairement, cette incorruptible puissance de vie qui s'est révélée dans la personne de saint Materne, doit s'être un peu transmise au cher troupeau du saint en même temps que les surnaturelles doctrines qu'il enseignait?

Pour ma part, en tout cas, j'ai commencé de très bonne heure à unir intimement dans ma pensée la destinée de saint Materne et celle de l'Alsace. J'y ai été conduit, tout d'abord, par mon imagination d'enfant, lorsque mes parents et mes premiers maîtres m'instruisaient à unir dans un même amour l'Église issue de la prédication de saint Materne et la terre natale, où cette Église avait projeté, dès le début, des racines aussi vigoureuses que profondes. Car je ne crois pas que l'on puisse se figurer, en dehors de l'Alsace, à quel degré ces deux sentiments de la piété chrétienne et du patriotisme sont étroitement mêlés et confondus dans l'âme populaire alsacienne, à tel point qu'un Alsacien qui aimerait son pays sans être un fervent chrétien, ou mieux encore un Alsacien croyant qui ne serait pas un ardent patriote apparaîtraient, là-bas, comme des exceptions. Mais quand plus tard j'ai étudié l'histoire de l'Alsace, et que j'ai observé attentivement tous les modes de la vie publique et privée de mes compatriotes, ce qui d'abord n'avait été pour moi qu'une rêverie d'enfant s'est changé en une conviction parfaitement réfléchie. J'ai reconnu, en effet, que le trait le plus saillant de la nature alsacienne était cette même force de résistance et cette vitalité qui nous apparaissent dans l'histoire de saint Materne ; et j'en suis venu à me persuader que l'Alsace, suivant l'exemple de son premier apôtre, se trouvait appelée à *triompher deux fois* de l'épreuve de la mort.

Telle est l'intéressante et instructive légende que

j'ai racontée dans une conférence. Cette conférence je l'ai faite, à la date du 13 mars 1913, dans la salle du Théâtre François-Coppée, à Paris, sur la prière de M. le chanoine Lenfant, alors curé de Saint-Antoine des Quinze-Vingts, et aujourd'hui évêque de Digne. Je n'avais eu qu'à ouvrir l'histoire pour montrer à mes auditeurs l'Alsace du moyen âge, et des temps modernes surtout, déchirée, divisée, ensanglantée, meurtrie et mourante sous la griffe teutonne, ressuscitant une première fois au xviie siècle par sa réunion à la France. Je laissai parler ensuite mon cœur d'Alsacien et d'évêque français lorsque, la représentant blessée à la tête et mourant, une seconde fois en 1870, de sa cruelle séparation d'avec la douce France et subissant un douloureux martyre sous les barbares procédés de la *Kultur*, je prédisais, aux applaudissements unanimes des assistants, qu'à l'exemple de saint Materne, ma chère petite patrie ressusciterait un jour, et bientôt, une seconde fois, par un retour définitif à la bien-aimée France.

Et puisque c'est à l'espoir invincible de cette seconde résurrection de l'Alsace que je dois d'avoir écrit les pages qui vont suivre, toutes écrites au cours des événements de cette grande guerre, le public trouvera tout naturel que la légende de saint Materne leur serve d'avant-propos.

II

Le Drapeau tricolore en Alsace [1]

On ne saurait l'oublier : là-bas, entre les Vosges et le Rhin, où nos vaillantes troupes progressent chaque jour, nous avons des frères qui souffrent et chez qui la soif d'être rendus à la douce France est inextinguible. Quoi qu'on en ait dit, l'Alsace est peuplée en grande majorité d'Alsaciens de pure race. L'on a eu tort de les confondre avec les nombreux immigrés qui ont vainement essayé de leur imposer la *Kultur* allemande. Tous les Alsaciens vraiment dignes de ce nom, ou du moins presque tous, sont restés rebelles au joug teuton. Enserrés dans les griffes de l'aigle noir, ils ont conservé et cultivé l'amour de la France, tel qu'une fleur précieuse, éclose dans le jardin de leur âme. Car la France pour l'Alsacien d'Alsace, même après le traité de Francfort, est demeurée la chère grande patrie à laquelle on pense un peu comme les enfants pensent au ciel, et pour la défense de laquelle on se sent prêt à tous les sacrifices, voire à celui de la vie. Voilà pourquoi il ne faut pas s'étonner si le drapeau français n'a jamais cessé de symboliser, aux yeux des Alsaciens, la justice, le droit, la liberté, l'amour, et si le regard avec lequel nous le contemplons, nous autres fils d'Alsace, est toujours mouillé de larmes.

Je ne veux, comme preuve de ce puissant et indé-

[1] 28 décembre 1914.

fectible amour de l'Alsacien pour le drapeau tricolore, que la touchante histoire que voici : elle m'a été contée, ces jours derniers, par un de mes amis, Alsacien d'Alsace, échappé par miracle à la surveillance dont il était l'objet, et maintenant à l'abri des représailles de l'ennemi dans la grande et bien-aimée patrie.

L'histoire se passe dans un village encore soumis à la baïonnette des Allemands. Les tyrans ont perquisitionné partout et, dans chaque maison, ils ont fait main basse sur tout ce qui, à leurs yeux, pouvait, à un titre quelconque, rappeler la France ! Comme bien on le pense, pas un seul drapeau aux trois nobles couleurs n'existe plus au fond d'une armoire du village. Tous avaient disparu avant l'heure de la perquisition, même ceux qui avaient été précieusement cachés dans les agenouilloirs des prie-Dieu. Mais cela n'a pas laissé de faire souffrir beaucoup de personnes du pays. Songez ! plus de drapeaux bleu, blanc et rouge ! plus d'image de la France ! C'est cruel, cela. Comment s'y résigner ? On ne se résigne point, et l'on avise au moyen de se procurer de nouveau l'image aimée et révérée. On sait pourtant qu'il y a du danger à la posséder chez soi. Mais qu'importe ! Entre amis sûrs, on décide d'aller, dans la ville voisine, acheter qui, un morceau d'étoffe blanche, qui, un morceau d'étoffe rouge, qui, un morceau d'étoffe bleue.

Les choses se passèrent comme l'on en était convenu. Revenus au village, les courageux acheteurs des trois morceaux d'étoffe s'empressèrent de les confier à la femme de l'un d'eux, dont la main respectueuse était chargée de les rassembler par une couture. Et lorsque ce fut fait, il se passa une scène d'une inoubliable grandeur.

Sur une invitation discrète, les amis de la France

s'étaient réunis chez l'un de ces Français d'Alsace. Celui-ci, sans autres explications, leur dit : « Mes amis, les trois couleurs !... la France !... »

Tous, frémissant de joie, contemplèrent le drapeau tout flambant neuf. A pas lents, l'un après l'autre, ils s'en approchèrent et doucement, afin que les Allemands ne les entendissent point, ils le baisèrent en murmurant :

Vive la France !...

Alors, des yeux de chacun, les larmes, (ces voix silencieuses que le cœur, lui, sait toujours entendre), tombèrent goutte à goutte sur le drapeau tricolore, et, celui qui le premier avait parlé, poursuivit :

« Le général Joffre nous avait apporté le baiser de la France... Nous venons de le lui rendre !... »

III

Le Retour de la France [1]

Un de mes amis m'a conté récemment les splendeurs dont a été témoin, le jour de Pâques, une de nos petites villes d'Alsace, reconquise sur l'ennemi et réoccupée par les Français. J'ai eu tant de plaisir à l'entendre me narrer ces événements, qui contrastent par leur infinie douceur avec tant d'autres sanglants épisodes de la vie actuelle, que je n'ai pu résister au désir de les noter.

Donc, dans cette ravissante petite ville, l'aurore de la solennité de Pâques fut saluée par le son des cloches qui, à toute volée, annonçaient la résurrection du Christ et chantaient la résurrection de l'Alsace. Et ces cloches, dont la voix s'était tue sur toute la terre d'Alsace-Lorraine, depuis qu'un ordre allemand leur avait défendu de se faire entendre autrement que pour célébrer les prétendues victoires teutonnes, ces cloches, dis-je, résonnèrent dans toute la région redevenue française. De proche en proche, dans les villages d'alentour, l'on se murmurait la bonne nouvelle :

— Les cloches sonnent en France ! Demain, bientôt sûrement, elles sonneront chez nous.

Et chacun de se répéter avec ivresse :

— Demain ! demain ! demain !

[1] 28 juin 1915.

Car la voix des cloches était pour tous les Alsaciens, selon l'ordre allemand lui-même, la voix de la victoire. Pour nos braves rassemblés dans la petite ville de X..., elle était aussi la voix de la prière. En vérité, je ne sais rien de plus touchant et de plus réconfortant que cette grand'messe militaire du jour de Pâques à laquelle préludait le son des cloches. Tandis que leurs vibrations portaient au loin la bonne nouvelle de l'espérance, fidèles alsaciens et soldats français se rendaient en masse dans la maison de Dieu, dont les portes étaient devenues trop étroites, sous la poussée de ceux qui s'y pressaient avec toute la ferveur d'une foi reconnaissante et tout l'élan d'un ardent patriotisme. Général de corps d'armée, officiers, membres de l'administration civile, plus de trois mille soldats se mêlaient à la foule émue et enthousiaste des Alsaciens. Le digne curé avait pavoisé l'intérieur de son église aux seules couleurs du Pape et de l'Alsace, comme l'exige le *Motu proprio*, mais sur l'ordre de l'administrateur, un caporal courut chercher des drapeaux français, et bientôt, à la grande satisfaction du pasteur, nos trois nobles couleurs flottaient sous les voûtes de la vénérable église, soudain rajeunie d'un demi-siècle.

La messe fut célébrée par le bon curé, assisté de deux poilus revenus des tranchées : deux prêtres sergents qui faisaient fonction de diacre et de sous-diacre.

Un capitaine de gendarmerie, Alsacien d'origine, assuma le rôle de maître de chapelle. Il s'en tira de telle façon que les chants qui retentirent durant la messe laissèrent dans l'âme des assistants un inoubliable souvenir. On eût dit, m'assurait mon ami, que c'était l'âme de la grande patrie française qui s'exhalait par ces milliers de voix humaines ! A l'évangile, un lieutenant d'artillerie (religieux Rédemptoriste) monta en chaire. Et c'est en tenue de service, revolver en bandoulière, qu'il prêcha sur le *Salut par le sacrifice*. Il y eut de nombreuses communions. Un violoniste de notre grand Opéra exécuta merveilleusement une délicieuse mélodie de C. Franck.

Après la messe, mon ami s'entretint avec le curé, dont toutes les sympathies sont acquises aux Français. Cet excellent prêtre ne pouvait assez dire combien leur façon d'être libérale et leur respect des traditions du pays leur conquièrent les cœurs, et aussi quelle agréable surprise leur causaient, à tous, les sentiments religieux qu'ils venaient de manifester publiquement.

— On nous avait tant dit et répété que la France était impie, murmurait-il d'un air quelque peu contrit, que nous l'avions cru vraiment.

— Et maintenant, Monsieur le curé, le croyez-vous encore ?

— Maintenant, le Christ est ressuscité ! La France, elle aussi, ressuscite ! Le Christ lui sourit de nouveau ! Vive la France ! Béni soit le chemin de Damas qui s'est ouvert devant elle !

Un jeune vicaire, qui se tenait aux côtés du curé, ajouta :

— *Bei uns allen das Herz ist franzœsisch* (chez nous tous, le cœur est français !)

Et le fait est, remarquait mon ami, que tous les enfants des écoles chantent la *Marseillaise* avec un cœur si français qu'en la chantant, nos chers petits Alsaciens n'ont point d'accent. Avec cela, tous ces braves enfants ne veulent plus se coiffer que du képi ou du bonnet de police. Ils font le salut français, c'est-à-dire qu'ils portent la main ouverte au front, tandis que l'Allemand salue la main fermée. Et c'est de tout leur cœur, lui aussi ouvert à la joie, que les petits Alsaciens se flattent de savoir déjà un grand nombre de mots français.

— Lesquels?

— Bonjour, bonsoir, bon appétit, ripostent les enfants, et beaucoup d'autres mots encore.

— Mais lesquels?

En chœur, tous répondent :

— Vive la France ! A bas l'Allemagne barbare !... Vive l'armée française !

Et l'on entend les petites voix alsaciennes chuchoter, dans leur dialecte si expressif :

— C'est désormais une grande joie pour nous d'aller à l'école. Nous ne sommes plus battus ! On ne nous tire plus les oreilles ! On ne nous martyrise plus ! Nos instituteurs français sont bien bons pour nous ! Nous les aimons beaucoup ! Vive la France !...

Ce dernier cri, ils le poussent en français, bien entendu. Il rallie, ce cri de joie, tous les suffrages, voire ceux des gens qui passent et qui, infiniment heureux, ne se lassent pas de le répéter avec leurs enfants : Vive la France !

Tout se francise, du reste, dans notre Alsace reconquise. Un journal, le *Kriegsbericht* (Les nouvelles de la guerre), se publie en patois alsacien et en français avec de fort jolis dessins de Hansi et de Zislin. L'administration française est admirablement organisée. Non seulement la mairie, l'école, le service de la poste, fonctionnent régulièrement, mais la justice de paix s'est tout aussi bien adaptée au nouvel état de choses. Ses séances ont lieu chaque samedi. C'est un capitaine en grande tenue qui remplit la charge de juge de paix. Il est assisté d'un sergent faisant fonction de greffier. Le rôle de commissaire de police est dévolu, dans la petite ville de X..., à un maréchal des logis d'artillerie, Alsacien de naissance. Mais le plus français de tous ces

Français est, sans contredit, le garde champêtre du pays : un vieux brave, haut en couleur, en fonction « du temps des Allemands », comme l'on dit déjà en Alsace, et qui n'avait jamais voulu porter la casquette prussienne. A peine fut-il renommé par les Français, que sa première demande à l'administration fut celle d'un képi.

— Impossible de m'acquitter des fonctions de ma charge, déclara-t-il gravement, sans le képi français !

On s'empressa de faire droit à sa requête, et on alla lui en acheter un à Belfort. Depuis lors, le garde champêtre ne quitte plus son précieux képi, même la nuit, affirment les gens bien renseignés. Aussi l'a-t-on surnommé *Schaefflé* (petit mouton). Mais le petit mouton fait œuvre de chien de berger.

Il surveille avec passion les territoires dont la garde lui est confiée. Il exige le sauf-conduit de tout le monde ; pour un peu, il arrêterait tous les gens qu'il rencontre, dans la crainte de laisser échapper un délinquant.

— Ah ! *Schaefflé* ! lui dit-on en patois alsacien, t'étais pas si terrible autrefois.

— *Yo ! Yo !* (oui ! oui !) je sais, réplique-t-il avec allégresse. Autrefois n'est pas aujourd'hui !

— J'te crois, lui crient les malins, t'avais pas de képi autrefois !

— *Yo ! Yo !* reprend le garde champêtre, je vas vous dire ! C'est pas tant le képi qui en est cause, voyez-vous, mes gars, c'est le cœur. Autrefois, j'avais pas le cœur de la casquette, tandis qu'aujourd'hui, y a pas à dire, j'ai le cœur du képi !... Comprenez-vous ?...

IV

Le Cas de conscience d'un petit Alsacien [1]

Seppelé (diminutif alsacien de Joseph) a neuf ans et se prépare à la première communion. C'est un bon petit garçon à l'œil vif, à la figure rougeaude et au cœur français. Il aime tellement la France qu'il déteste les Allemands, et il les déteste si fort qu'il craint vraiment de ne pas être dans d'assez bonnes dispositions pour s'approcher du Dieu d'amour et de charité au jour de sa première communion. *Seppelé* est inquiet. Il retourne la question dans son âme honnête et droite ; et, à force de lui imprimer un tel mouvement, la voici qui a pris la forme d'un syllogisme implacable, dont la conclusion ne laisse pas de lui paraître regrettable, voire angoissante :

— Si je ne déteste pas les Allemands, se répète-t-il, je suis un mauvais Français ; et si je les déteste, je suis un mauvais chrétien. Donc, dans les deux cas, le sentiment que j'éprouve est coupable.

Seppelé ne sort pas de là. De telle sorte qu'il ressent une cruelle anxiété.

Être un mauvais Français, non, *Seppelé* ne l'accepte point ; il veut être aussi bon Français que son papa, sa maman et son grand frère Henri, qui s'est engagé dans la Légion étrangère. Mais se montrer mauvais chrétien, en contrevenant à la grande loi de

[1] 8 juillet 1915.

charité qui exige que chacun aime son prochain comme soi-même, *Seppelé* l'accepte encore bien moins.

— Mon Dieu ! mon Dieu ! murmure-t-il vingt fois par heure, comment faire ? Ne point détester les Allemands, c'est trahir la France ! Les détester, c'est vous trahir, Seigneur ! Venez à mon aide !... Je ne voudrais trahir ni vous, ni la France !...

Le bon Dieu a-t-il entendu la prière de *Seppelé* ? Je ne le sais. Toujours est-il que l'enfant éprouva un beau jour le désir irrésistible d'aller s'ouvrir de son scrupule au digne curé de l'endroit.

Le village, habité par notre petit Alsacien, n'est pas encore aux mains des Français !

Mais de X..., l'on entend tonner le canon, et chaque coup réveille, au fond de la conscience de *Seppelé*, le terrible dilemme. A telles enseignes que, tout en se rendant chez M. le curé pour lui demander conseil, l'enfant trouve le moyen d'augmenter son anxiété. Il ne peut entendre un coup de canon sans se dire :

— Pourvu que celui-ci soit pour les Allemands et tue beaucoup de ces faillis chiens qui assassinent les prêtres, les femmes et les enfants, et détruisent les églises.

Après quoi, *Seppelé* se mord la langue et ajoute :

— Si le bon Dieu le veut bien, toutefois !

C'est donc tout angoissé par cette double exigence de sa conscience et de son cœur (le service de Dieu et l'amour de la France), que *Seppelé* comparait devant M. le curé.

A la vue de l'enfant, l'excellent prêtre, qui se promène dans son jardin tout en lisant son bréviaire, se doute bien qu'il se passe quelque chose d'insolite dans cette âme dont il a, par ailleurs, surpris depuis quelque temps les troubles et les sursauts. Il fait signe à *Seppelé* d'attendre sagement quelques minutes qu'il soit prêt à l'écouter, et marchant toujours, il continue la récitation des *Petites Heures*. Après quoi il revient à l'enfant.

Seppelé, qui a eu le loisir de réfléchir, raconte par le menu le cas de conscience qui le bouleverse si fort. Ingénûment, il avoue qu'il ne peut aimer les Allemands, son prochain, de la façon prescrite par le catéchisme ; que, au contraire, il les déteste. Tout larmoyant, il dit que sa première communion sera rendue impossible avec de pareils sentiments, et qu'il est malheureux.

La tête basse, le petit Alsacien attend une semonce de son curé. Mais la semonce ne vient pas. Dans l'or du soleil — un beau soleil de juin — qui caresse également les roses et les légumes du jardin, le prêtre, debout, contemple *Seppelé* avec attendrissement. Lui, aussi, aime la France ardemment, et il est de ceux qui, en Alsace, n'ont point peur de dire ce qu'ils pensent aux Alsaciens, Français de cœur, qui l'entourent. Son père est tombé à Wissembourg, durant l'Année terrible, et, là-bas, de l'autre côté de la frontière, il a un frère qui se bat pour la France.

— Pauvre petit ! murmure-t-il ; toi aussi, tu connais ces luttes du cœur, et déjà tu te rebelles contre les crimes des hommes !...

Élevant sa voix, il poursuit :

— Dis-moi, *Seppelé*, comment tu nommes, dans ton catéchisme, l'action de dérober le bien d'autrui ?

— Un vol, riposte l'enfant.

— Et comment, ajoute le prêtre, désignerais-tu, toujours d'après ton catéchisme, toute une série de violences qui consiste à tuer, à incendier, tout ce qui peut être tué ou incendié ?

Seppelé, comme effaré devant l'énumération de ces crimes, répond :

— J'appellerais ça des gros, gros péchés, si gros qu'ils font rire les démons et pleurer les anges, et mènent ceux qui les commettent tout droit en enfer !

— Tu ne te tromperais pas, *Seppelé* : cette nouvelle guerre est une offense envers Dieu ; elle recommence le crime, elle met à jour de nouveaux forfaits. L'Allemagne n'est plus qu'un foyer d'iniquités, depuis qu'elle est conduite par une horde belliqueuse, dont l'orgueil est l'inspirateur et la soif de jouir, le porte-fanion... Mais, revenons au fait ! En enlevant l'Alsace-Lorraine à la France, les Prussiens ont commis un vol ; en se conduisant comme ils le font aujourd'hui, ils pèchent contre toutes les lois divines et humaines. Qu'un bon petit gars comme toi déteste le vol et ces gros péchés, c'est juste : tu connais ton catéchisme. Que tu aimes les victimes des vols et des violences, c'est d'un naturel chrétien : Dieu est charité, et nous commande l'amour des opprimés et des souffrants. *Seppelé*, je ne vois rien dans ton cas qui soit de nature à t'inquiéter...

Seppelé, qui ne demande qu'à être convaincu, fixe sur le prêtre ses yeux intelligents :

— Comme ça, questionne-t-il, je peux demander au bon Dieu de punir les Prussiens parce qu'ils sont voleurs, assassins ?

— Les péchés dont on ne se repent point, réplique le curé, sont sévèrement punis. Ton catéchisme te l'enseigne.

— Et, poursuit l'enfant, je peux aussi supplier Dieu de bénir et de protéger les Français ?

— Ils se défendent contre les voleurs et les méchants : la justice et le droit sont pour eux. C'est encore dans ton catéchisme que toute bonne action mérite sa récompense.

Seppelé ravi, ému, tombe à genoux sur le gravier. Les mains jointes, le regard levé vers le ciel, il s'écrie :

— Mon Dieu, qui avez fait un si beau catéchisme,

faites-le comprendre à tous les sales petits Boches que je n'aime pas, afin qu'ils finissent par ressembler aux petits Français que j'aime ! Et, jusque-là, mon Dieu ! tapez tant que vous pourrez sur les Prussiens, voleurs et méchants, non point parce qu'ils sont Prussiens, mais parce qu'après avoir volé l'Alsace-Lorraine à la France, ils tuent maintenant, partout où ils le peuvent, des prêtres, des religieuses, des mamans, des petits enfants et qu'ils brûlent et détruisent les églises ! Ainsi soit-il !

Et, se relevant, la conscience désormais tranquille, *Seppelé* dit au curé, lequel, d'un air rêveur écoutait le canon dont la grosse voix tonnait du côté de Metzeral :

— V'là une prière que je ne manquerai pas de faire tous les jours maintenant. Merci, monsieur le Curé !

V

La Révolte d'une petite Lorraine [1]

J'ai raconté, récemment, le cas de conscience d'un petit Alsacien, partagé entre son désir d'être un bon chrétien, en aimant son prochain comme soi-même pour l'amour de Dieu, et l'impossibilité où il se trouvait de ne pas détester les ennemis de la France.

Voici un autre épisode, non moins touchant, de la guerre actuelle. Il se rattache à l'expulsion de la statue de Jeanne d'Arc des églises de notre Lorraine, encore tenue sous la domination allemande. Prise par les autorités militaires teutonnes et exécutée par Mgr l'évêque de Metz, s'il faut en croire les informations des journaux et les affirmations de personnes dignes de foi, cette mesure n'a pas pu manquer d'exciter d'amères critiques et de justes revendications parmi la population indigène, si dévote à la bonne Lorraine.

J'en ai pour preuve le trait suivant qui m'a été rapporté par un témoin tout à fait sûr. Je ne citerai ni le nom du pays où ce fait s'est passé, ni le nom de famille de la petite Lorraine qui en fut l'héroïne, car je craindrais de faire expier par quelques jours de prison à la jeune Lily X... sa noble et juste révolte contre l'expulsion de Jeanne d'Arc.

Lily X... est bel et bien une révoltée. Elle a neuf ans et demi, des cheveux blonds, une petite mine futée, le cœur droit, l'imagination active, l'esprit vif;

[1] 5 août 1915.

elle est surtout animée d'une tendre piété et d'un grand amour pour la France. Or, si cet amour a été violemment irrité de l'expulsion de Jeanne d'Arc des sanctuaires de la Lorraine, sa piété en fut, sans nul doute, à la fois scandalisée et presque découragée.

— Il n'est pas possible, s'est-elle écriée, en apprenant cet ordre allemand, que l'on chasse ainsi de nos églises une sainte qui est au ciel ! Voilà qui ferait un beau tapage là-haut !

Mais comme Jeanne d'Arc fut, en réalité, mise dehors, et que Lily X... ne reçut aucune nouvelle de ce qui se passait dans le séjour des Bienheureux relativement à cette extraordinaire expulsion, elle jugea qu'il appartenait, pour le moins, aux vrais chrétiens d'ici-bas de protester de toutes leurs forces contre un tel forfait. En tous cas, la jeune Lily X... s'y employa, elle, de son mieux.

Ses petites amies, auxquelles elle ne put s'empêcher de faire part de son indignation, eurent à cœur de joindre leurs protestations aux siennes ; et, d'un commun accord, elles réclamèrent leur chère Jeanne d'Arc à tous les échos. Le zèle de ces enfants était si ardent, leur chagrin si profond qu'elles ne craignirent point de porter au cours du catéchisme leurs doléances et leurs revendications. De telle sorte que le vénérable curé de la paroisse, qui n'en pouvait mais, finit par ne plus savoir que répondre à ces sollicitations. Il lui était malaisé de légitimer auprès des enfants le fait qui les troublait, et qui le bouleversait lui-même presque autant que ses pieuses ouailles. Aussi bien, tout ce qu'il tenta à cet égard n'obtint-il aucun succès. La petite voix pointue de Lily X... ne cessait point de réclamer ; d'autres voix l'imitaient. A l'exhortation du curé, les invitant à obéir à leurs supérieurs temporels et spirituels, Lily X... ne laissait pas d'objecter la nécessité d'obéir à Dieu plutôt qu'aux hommes ; elle s'attachait aussi à démontrer, à sa façon à elle, combien il était extraordinaire pour des catholiques de s'opposer au jugement souverain de Rome en exilant du sanctuaire celle que l'Église avait jugé digne d'être placée sur nos autels. M. le curé se décida à interdire désormais toute réflexion à ce sujet.

Mais Lily X... ne se tint point pour battue. Ah ! M. le curé ne lui permettait plus de parler ! Eh bien ! elle agirait. Une fois cette résolution prise, la vérité m'oblige à confesser que Lily X... fut quelque peu embarrassée. Comment agir ? Soudain, la petite Lorraine en arriva à s'en prendre à ses yeux : elle se mit à pleurer. Pourtant, elle se persuada incontinent que des larmes ne serviraient nullement la cause de sa bien-aimée Jeanne d'Arc. C'est alors qu'elle eut recours aux grands moyens. Elle songea d'abord à écrire au Pape. Mais ce fut une nouvelle difficulté pour elle. Et, en effet, si ce qu'elle avait à faire savoir au Saint-Père ne l'embarrassait point, il n'en allait pas de même des formules dont elle devait se servir pour exposer ses plaintes. Comment commencer sa lettre, et, surtout, comment la terminer ? La fin de la lettre, voilà ce qui inquiétait le plus la petite fille.

Elle eut ensuite l'idée de faire intervenir son papa dans l'affaire. A son avis, celui-ci, après le Pape et bien avant le Kaiser, était l'homme le plus puissant du monde. Mais, en y réfléchissant, elle se dit que, peut-être aujourd'hui comme autrefois, les amis de Jeanne d'Arc pourraient bien avoir maille à partir avec la justice humaine, et elle se refusa à exposer son cher petit père à des risques probables. Et, de nouveau, Lily X... eut envie de pleurer. Sa nouvelle victoire sur les larmes la rendit si fière qu'à partir de ce moment, elle prit le parti d'agir, non point avec l'aide des grandes personnes, mais de concert avec cinq ou six petites amies.

Ce petit groupe de fidèles de Jeanne d'Arc, entraîné par Lily X..., estima, à son exemple, qu'il y allait de l'honneur des petites Lorraines de ne point laisser la grande Lorraine sans défenseur dans sa vieille terre natale. Après quoi, ce groupe résolut, sur la proposition de Lily, de faire tout ce qui dépendait de lui pour faire rentrer Jeanne d'Arc dans l'église de Z..., et qui plus est, de la combler de bouquets, afin de bien marquer l'amour enthousiaste que lui avait toujours voué la Lorraine.

Puisqu'il ne fallait point espérer en une rentrée triomphale de Jeanne d'Arc dans l'église de Z..., Lily proposa à son groupe d'amies d'utiliser une médaille en or à l'effigie de Jeanne d'Arc qu'elle portait sur elle. Et, habilement, elle introduisit cette médaille dans un des ajustements (je ne dirai pas lequel, par discrétion) qui décorait l'antique statue de la sainte Vierge Marie, objet de la piété publique. Les petites compagnes applaudirent à cette initiative qui avait pour elles, outre le mérite de réintégrer Jeanne d'Arc dans leur église paroissiale, sous la protection de la Mère de Dieu, celui de ravir un peu d'or aux Allemands.

— Ah! ah! que voilà un tour joué aux Boches! Vive Jeanne d'Arc! Vive la France!

Ce qui avait été décidé s'accomplit sans coup férir. Si bien que Jeanne d'Arc se retrouva un beau jour dans l'église de Z... aussi furtivement ramenée qu'elle en avait été mystérieusement chassée ! Et pour ce qui est de son culte, il y fut assurément rétabli. Car, de mémoire d'homme, l'on ne vit, paraît-il, une telle affluence de bouquets autour de la vénérée statue de la très sainte Vierge Marie. Et, chose digne de remarque : les plus belles et les plus parfumées de ces fleurs — Lily l'a affirmé d'une voix tremblante à la personne qui m'a conté ces faits — proviennent maintenant, chaque jour, du jardin de M. le curé.

— Et toi, Lily, quelles fleurs apportes-tu à Jeanne d'Arc ? lui demanda la susdite personne.

— Moi, aux pieds de la bonne Lorraine, je dépose à présent des fleurs de France : bleuets, marguerites, coquelicots.

— Et quand la saison de ces fleurs sera passée, Lily, que donneras-tu à la grande Française qui est aussi une sainte ?

Plus doucement, l'enfant répondit :

— Lorsque la saison des bleuets, des marguerites et des coquelicots sera finie, la Lorraine sera redevenue française ; et, alors, c'est la France qui fleurira elle-même notre Jeanne d'Arc rendue *à toutes nos églises !* Oh ! les belles fleurs qu'elle lui offrira !

VI

Le Salut à l'obus [1]

C'est une physionomie bien attirante que celle du père *Nâatsi* (traduction en dialecte alsacien du prénom d'Ignace). Il a fait, à l'âge de trente-quatre ans, toute la campagne de 1870. Aujourd'hui il est cassé de vieillesse. Sa barbe a fort blanchi, ses cheveux sont clairsemés, ses dents absentes et ses joues creusées par de longues rides, mais l'âme de ce vétéran des armées françaises n'a point vieilli. Elle soutient et ranime la pauvre loque humaine qui s'écroule tous les jours davantage. Pourtant, le père *Nâatsi* ne demande plus qu'une chose à Dieu : que cette pauvre loque ne défaille pas complètement avant que son village n'ait vu de nouveau le drapeau tricolore flotter au-dessus de la mairie, et que le portrait de ce mauvais drôle de *Samuel Meyer* (surnom alsacien du Kaiser) ne soit définitivement expulsé de la salle des délibérations. Le vieux soldat ne va-t-il pas jusqu'à revendiquer pour lui-même le privilège de couper la ficelle du susdit portrait ?

— Je me suis battu de mon mieux sur les glacis de Neuf-Brisach, à Forbach, à Bitschwiller, et dans vingt autres endroits. Comme j'ai été à la peine en 1870, je dois être à l'honneur aujourd'hui. Ma main, qui tremble trop pour manier un fusil, saura bien tenir

[1] 10 août 1915.

une paire de ciseaux, et, *Iesus Gott im Himmel* (Jésus Dieu dans le ciel !) l'on verra ce que j'en ferai. »

Le père *Nâatsi* n'a plus ni femme, ni enfants. Il habite seul une petite, mais proprette cabane, située à l'orée du bois avoisinant le village de Z... Sa vie tient à présent tout entière dans son projet : descendre le portrait de *Samuel Meyer*, car il est certain que, lorsque celui-ci aura été décroché du mur, le drapeau tricolore sera arboré tout aussitôt sur la chère mairie du village.

Autour de *Nâatsi*, il n'y a que de bons et loyaux amis de la France. Ceux-ci prennent plaisir à le plaisanter sur son projet.

— Eh bien ! *Nâatsi* lui demandent-ils volontiers, en guise de bonjour, c'est-y pour aujourd'hui, la grande descente ?

— P't'être que oui, répond le vieux brave homme en dodelinant la tête. C'est à la volonté de Dieu ! On verra !

Et, afin de mieux se rendre compte de ce qui se passe alentour, le père *Nâatsi*, après avoir mis en ordre son humble ménage et donné un coup d'œil à son jardinet, se dirige chaque jour vers un monticule, proche du village d'où l'on domine la magnifique plaine alsacienne. Un bâton à la main, en manches de chemise, vêtu d'un vieux gilet et d'un pantalon rapiécé, et portant de solides souliers ferrés, il marche cahin-caha, en mâchonnant du mauvais tabac allemand. Bien qu'il marche avec peine, il fait du chemin, le pauvre vieux. Si bien qu'il arrive au sommet du monticule.

De là, il se met à inspecter à loisir le vaste horizon. Face à l'ouest, il interroge la plaine qui s'étend à ses pieds, et que surplombent là-bas les Vosges. Il tâche à découvrir l'endroit précis où l'on se bat, comme aussi il cherche à observer les progrès de l'armée française. Car il est bien convaincu que les Français font des progrès, et qu'il n'est pas éloigné le jour où, drapeau déployé et musique en tête, ils entreront dans le village de Z... après que, bien entendu, ses ciseaux à lui auront coupé la ficelle qui tient encore suspendu au mur le portrait de ce bandit de *Samuel Meyer*. Et le vieillard, toujours adonné à son rêve, passe de longues heures à se représenter ce que sera pour lui le jour à jamais béni, où la France rentrera définitivement dans le pays de Z... Il en a la respiration comme coupée, tant lui apparaît merveilleux le tableau qu'il se fait de cette rentrée si ardemment désirée et si proche désormais. Le bruit du canon et cette rumeur sont pour lui les avant-coureurs de l'hymne sacré que chantent, là-bas, avec enthousiasme, les frères de France avançant toujours :

Allons, enfants de la patrie !
Le jour de gloire est arrivé !

Ah ! certes, ce jour n'est pas encore venu pour le village de Z... Mais il chemine, rien n'est plus certain. Chaque semaine écoulée rapproche le bruit du canon et les rumeurs de bataille. Le village de Z..., qui se trouvait d'abord loin du front, le voilà qui n'en est bientôt plus qu'à une infime distance, et dans la riante petite localité, habituellement paisible, ce ne sont plus les échos qui parviennent jusqu'à ses habitants, c'est la tourmente elle-même qui règne.

Les Allemands s'emploient fiévreusement à fortifier le village de Z... Ils coupent les bois gênants, ils amènent des fils de fer barbelés : on creuse, on taille, on remblaie, on fait du ciment, on traîne des matériaux de toute sorte, on place partout des canons. Bientôt le monticule, cher au père *Naatsi*, devient un lieu redoutable d'où les civils sont exclus, et dont nul d'entre eux ne peut s'approcher désormais sans risquer de recevoir une balle.

Mais voici qu'un beau jour ordre est donné aux habitants de s'enfermer dans leur cave, ou d'aller se réfugier dans un village à l'arrière du front. Les obus français commencent à faire entendre leur sifflement. Oh ! ils tombent encore au loin, trop loin du père *Nûatsi*; mais, enfin, ils tombent, et les Allemands ne sont point contents.

Dans le village de Z..., personne ne bronche. On ne plaisante plus le vieux soldat ; on ne parle plus de descendre le portrait de *Samuel Meyer*. L'on attend. Lorsque le brave vieillard est sûr que les Allemands ne peuvent pas l'entendre, il fredonne tout bas en se frottant les mains :

Le jour de gloire est arrivé.

Et, afin de se mieux pénétrer de l'idée chère qui l'obsède, il ne cesse de crier :
— Il arrive !...

Un matin de juin, l'alerte fut plus vive. Le fusil à la main, les Allemands bousculent les Alsaciens, et les font descendre sous terre. A coups de crosse ils les poussent brutalement dans les sous-sols de la mairie. Le père *Nûatsi*, tout comme les autres, est obligé d'aller s'y cacher. Puis, l'on entend un vacarme assourdissant qui semble se rapprocher : ce sont des sifflements, des éclats, des balles ; on dirait un bruit de fin du monde. A voir qu'il n'y avait point de traître parmi les vieillards, les femmes et les enfants qui se sont terrés, le père *Nûatsi* a retrouvé sa langue effilée. Des obus, cela le connaît ; il en a vu en 1870, et combien ! Ah ! c'est sûr que ce n'est pas drôle d'en

VI — LE SALUT A L'OBUS

recevoir. Mais quoi ! Il faut bien se faire une raison, c'est seulement par la force armée que la France rentrera en Alsace, il n'y a pas d'autre moyen. Alors, puisque l'obus, c'est la voix de la force, c'est aussi la voix de la France; et la voix de la France, dame !...

Le vieux bonhomme, en proie à une émotion de plus en plus vive, s'exalte, s'enthousiasme. C'est au point que, dans un élan de sublime délire, il répète très fort :

— La France !...

Et, tout à coup, retentit un bruit formidable : Boum ! C'est un éclat d'obus, quelque chose d'atroce, d'inhumain, d'infernal : le sol semble secoué, bouleversé !

Tandis que des vieillards, des femmes et des enfants hurlent d'effroi, le père *Naatsi* crie, lui, de plus en plus fort. Il s'obstine dans son rêve :

— *Herr Gott* (Seigneur Dieu) !... La France ! Salut !

Et comme galvanisé, les bras soudain raidis et les mains sur la couture du pantalon, il tombe en s'écriant :

— Présent !

Un éclat d'obus l'a frappé au cœur. Le pauvre vieux est mort ! Mais, là-haut, dans la mairie, un autre éclat d'obus a atteint *Samuel Meyer* et a descendu son portrait !

Père *Naatsi*, dormez en paix dans les bras du Seigneur qui, sans nul doute, a accueilli votre âme à la fois si française et si chrétienne ! Les obus de la France ont fait le travail de vos ciseaux, et sur le faîte de la mairie de Z... flotte maintenant le drapeau tricolore !

VII

Mères d'Alsace [1]

Les mères françaises, qui pleurent leurs fils glorieusement tombés au champ d'honneur, rivalisent, depuis le début de la guerre, pour nous offrir le spectacle à peine croyable d'une exaltation patriotique et religieuse. Aussi nous plaisons-nous à les entourer de vénération, de sympathie et de reconnaissance et à saluer en elles l'image de la vaillance, de la bravoure et de la foi traditionnelles de la femme française.

Que nous éprouvions de tels sentiments pour les femmes de chez nous qui se montrent éminemment dignes de ceux qui sont morts pour Dieu et pour la Patrie, rien de plus naturel. Mais il convient que nous témoignions pareillement ces sentiments aux mères alsaciennes ou lorraines, tenues encore sous le joug ennemi. Il y a une raison à cela. Un grand nombre d'entre elles sont en proie à des douleurs particulièrement cruelles, pendant ces jours graves, sans compter qu'elles les endurent avec non moins d'héroïsme que leurs sœurs de France. Chacun le sait : celles-ci comme celles-là ont des êtres chers parmi les combattants d'aujourd'hui, et, de plus, il se trouve que celles-ci en ont souvent dans l'un et dans l'autre des camps adverses.

En vérité, je ne connais rien de plus tragique et de plus grandiose à la fois que la destinée de ces mères

[1] 4 septembre 1915.

d'Alsace au cœur droit et simple. Pour avoir su garder la simplicité de la vie d'autrefois, le ciel semblait leur avoir réservé une plus grande part de paix et de bonheur intimes ; et les voilà qui se trouvent, en raison d'une conflagration sans précédent dans l'histoire, entraînées dans les plus désolantes et les plus terribles vicissitudes morales. Leur épreuve est atroce, mais leur attitude est admirable. Je m'en suis convaincu une fois de plus en lisant les impressions et les réflexions, consignées à différentes dates dans le journal intime de l'une de ces mères alsaciennes, et qui m'ont été confiées par une main amie. Je suis fort heureux de pouvoir communiquer à tous les Français ces notes, qui leur donneront accès dans l'âme et la vie alsaciennes d'aujourd'hui.

Mᵐᵉ Barbe M... (l'auteur des susdites notes) est veuve depuis plusieurs années. Elle a deux fils, Georges et Alfred. Tous deux sont soldats. Mais, tandis que l'aîné, enrôlé dans l'armée allemande au moment de la déclaration de la guerre, se bat dans les rangs ennemis, le plus jeune a pu, Dieu sait au prix de quels risques ! passer la frontière, à la fin de juillet dernier, et s'engager dans l'armée française. De telle sorte que les deux frères, qui s'aimaient tendrement, sont devenus tout à coup comme des frères ennemis, et — douleur sans nom ! — tout fait supposer à leur mère qu'ils se battent probablement dans les mêmes parages.

Vont-ils se rencontrer ? Vont-ils s'entre-tuer ? En priant pour chacun d'eux, prie-t-elle pour l'une et l'autre cause qu'ils défendent ? Ah ! certes, si Mᵐᵉ Barbe prie pour Alfred qui combat dans les rangs français, elle prie aussi de toute son âme pour la chère France, et elle en est infiniment heureuse.

Mais, en invoquant le Dieu des armées pour Georges, qui est, hélas ! parmi les Allemands, ne lui demande-t-elle pas involontairement de bénir et de protéger les armées du *Kaiser* ? Ah ! cela non, mille fois non !... *Bavelé* M. (Bavelé, traduction de Barbe en dialecte alsacien) ne le voudrait pour rien au monde. Voici, d'ailleurs, en quels termes touchants elle nous révèle, dans son journal intime, le fond de son cœur :

« *Août* 1914. — Mon beau *Yerg* (Georges), mon joli *Frédi* (Alfred), vous êtes partis, et je suis seule ici avec ma grande douleur ! Toi, mon *Yerg*, tu te bats, en esclave soumis, pour la marâtre détestée ; toi, mon *Frédi*, tu t'en es allé combattre pour la mère tant aimée : la douce France. Mon cœur vous suit partout, mes chéris. Mais de combien de douleurs sera marqué pour moi chacun de vos pas ! Mes petits, que j'ai tant souhaité unis dans la vie, vous marchez à présent l'un contre l'autre, les armes à la main ! Que Dieu ait pitié de notre commune détresse et daigne nous protéger ! »

« *Fin août.* — Reçu, il y a trois jours, quelques lignes de *Yerg*. Voici ce qu'il m'écrit : « Pas encore « écopé. Nous allons vite, plus vite qu'en 1870. Nous « serons bientôt à Paris. Prie pour moi ! » Aujourd'hui, un ami me glisse un mot de *Frédi* qui, sans que je le sache, se battait non loin de nous : « Je suis indemne. Mais nous reculons. Prie pour nous ! » Mon cœur est dans l'épouvante. Sainte Vierge, au secours ! Protégez mes petits ! Veillez sur la France !

« *Premiers jours de septembre.* — Encore des cloches qui sonnent et des bruits de victoire... *On* nous dit qu'*on* est victorieux ; *on* parle du prochain écrasement de la France ; *on* exulte ; *on* chante partout le *Deutschland über alles* ; et chose cruelle ! il faut pavoiser. Nous pavoisons tous par ordre, la mort dans l'âme. Au bas du drapeau maudit, j'ai cousu un petit ruban de crêpe. Ah ! *du lieber Gott !* (toi, cher Dieu !) seras-tu sans pitié ? Aucune nouvelle de *Yerg*, ni de *Frédi*. Mes petits, où êtes-vous ? »

« *Mi-septembre.* — A coup sûr, cela va mal pour nos maîtres. Les officiers qu'on rencontre ont l'air furieux et désappointés. *Finelé* (Joséphine), avec laquelle je me suis croisée au sortir de la messe, m'a chuchoté qu'il est question d'une retraite victorieuse pour les troupes allemandes ! Une retraite victorieuse ? Qu'est-ce que cela peut bien être ? A me sentir frémir de joie et à voir les figures allongées des *Schwoben* (Prussiens), je devine pourtant que c'est un événement militaire extrêmement désagréable pour eux. Oh ! que j'en bénis le ciel !... Toujours sans nouvelles de *Yerg* et de *Frédi*. Je ne cesse de les recommander à la sainte Mère de Dieu ! Bénissez-les, ô mon Jésus ! Protégez-les. Bénissez et protégez notre chère France !... Donnez-lui la victoire complète ! »

« *Octobre.* — Horreur ! Des messages verbaux m'apprennent que *Yerg* et *Frédi* se battent probablement l'un contre l'autre. Tous deux sont en Argonne, tous deux sont mêlés à des combats effroyables. Jusqu'à présent, ils sont sains et saufs, je l'espère du moins. Mais quelle douleur inénarrable me réserve l'avenir ! Je n'ose y penser, tant je suis effrayée ! Ah ! maudits soient ceux qui ont déchaîné cette guerre effroyable ! Maudits soient ceux qui ont armé des frères contre des frères ! Mon *Yerg* ! mon *Frédi* ! que Dieu vous éloigne l'un de l'autre ! »

« *Novembre.* — Je ne vis plus ! *Yerg* est surveillé. C'est un *wackes* (voyou d'Alsace), il ne peut plus m'écrire comme il le voudrait ! Les nouvelles de *Frédi* me parviennent par une voie secrète. Hélas !

les Vosges nous séparent encore ! Pourtant, à la date du 25 octobre, mes chéris étaient en vie. Depuis, c'est la nuit, c'est le silence, c'est peut-être la mort ! Oh Dieu ! qui frappez tant de nos enfants, n'aurez-vous pas pitié des mères ? »

« *Décembre.* — Point de nouvelles ! Mes petits, que devenez-vous ? J'ai perdu tout sommeil, je ne mange plus, je ne puis que prier. Quelle agonie ! Mon Dieu ! mon Dieu ! m'auriez-vous abandonnée ? Que votre volonté soit faite, cependant ! Mais punissez le Hohenzollern farouche qui a déchaîné l'horrible tourmente ! Frappez durement l'Allemagne barbare et menteuse ! Et sauvez mon *Yerg !* sauvez mon *Frédi !* sauvez surtout la France ! »

« *Fête de Noël.* — C'est grande fête aujourd'hui. La tristesse m'étreint. Toujours pas de nouvelles de mes chéris ! A l'église, on a prié pour le succès toujours croissant des armées impériales. J'ai prié pour la France et pour mes bien-aimés. Autour de moi, j'ai senti que chacun m'imitait, et que nos cœurs de mères séparaient la cause de nos fils de celle de nos mauvais maîtres. « Seigneur ! Seigneur ! ai-je crié du fond de mon cœur, je vous implore pour les victimes, et non pour les bourreaux ! Bénissez celles-là, et châtiez ceux-ci ! » De retour à la maison, j'ai songé au passé, à toutes les douceurs de la fête de ce jour ! Cher arbre de Noël aux bougies flambantes et aux mille riens charmants, comme tu es loin, loin, maintenant ! Cependant, il me semble encore entendre les rires joyeux que tu provoquais ; mais tout de suite, mon infinie misère cesse de les percevoir, et ce que j'écoute à présent, ce sont les cris de douleur et les râles de mort ! *Yerg ! Frédi !* Bon Noël à vous, mes petits ! »

« *Janvier.* — *Yerg* est blessé grièvement. Il m'écrit de l'ambulance de X... où il a été transporté. J'ai cru devenir folle de douleur en lisant ses lignes écrites d'une main tremblante, mais la paix est revenue en moi. *Yerg* est hors de combat pour de longs jours, il ne portera plus les armes contre la France, ni contre son frère ! Oh ! Dieu ! qui n'avez point permis qu'il fût prisonnier, mais qui l'avez pourtant conservé à ma tendresse, merci ! Gardez mes chers trésors pour la France de demain ! Tout pour elle ! Tout avec elle ! Vive à jamais la France !... »

Je clos ici mes citations peut-être déjà trop longues. Je me garderai bien d'y rien ajouter ! Mon cœur a battu en les transcrivant. Et je suis sûr que tous ceux qui les liront éprouveront le même sentiment. Ce qu'il nous faut, c'est de nous associer aux angoisses de nos mères d'Alsace, qui ne trouvent de réconfort à leur tristesse que dans leur amour passionné de la France.

VIII

L'Arrestation des Pères Rédemptoristes de Riedisheim (Alsace) en août 1914 [1]

La récente condamnation de M. Broegly, membre de la Chambre d'Alsace-Lorraine, a ravivé le souvenir de la dramatique arrestation des Pères de Riedisheim (août 1914). Déjà M. Broegly, ardent patriote alsacien et catholique fervent tout ensemble, avait eu maille à partir avec l'autorité allemande. Celle-ci, en effet, l'avait fait arrêter avec les Pères Rédemptoristes, uniquement parce qu'il était leur ami et le directeur de l'ambulance qu'ils avaient établie dans leur couvent. Faute de preuves de culpabilité, il fut remis en liberté, le soir même de cette première arrestation. Mais considérant que cet exceptionnel geste d'équité offrait quelque danger, les Allemands se saisirent de nouveau de lui pour ne plus le relâcher, cette fois-ci. Dix ans d'emprisonnement, dix ans de dure séparation d'avec les siens, voilà comment et de quelle monnaie la justice militaire germanique prétend faire payer aujourd'hui, à cet Alsacien (qui n'a pas encore quarante ans) l'amer désappointement qu'elle éprouva, l'année dernière, à laisser échapper de ses griffes sept Pères Rédemptoristes qu'elle se promettait bien de faire fusiller.

Toutes les personnes un peu au courant des choses d'Alsace n'ont pas manqué de voir dans cette inique condamnation la corrélation que je viens de signaler.

[1] 9 septembre 1915.

D'autant plus que l'autorité allemande, qui se targue d'être au mieux avec son vieux Dieu (*der alte deutsche Gott*), se plaît souvent, ainsi que chacun le sait, à ordonner le massacre des ministres de Dieu, et que, n'ayant pu faire fusiller sept d'entre eux particulièrement visés par elle, il lui fallait, comme bien on le pense, une autre victime. Un député catholique alsacien, emprisonné à la place de sept religieux sauvés du dernier supplice, en vérité, l'affaire fut médiocre pour les juges allemands. Aussi comprend-on leur rigueur nouvelle.

Il importe fort de faire connaître en détail au public les odieux traitements subis par les susdits religieux, non moins que la manière quasi miraculeuse dont ils furent délivrés au moment tragique. Cela m'est d'autant plus aisé que je viens d'avoir la bonne fortune d'en entendre le récit complet de la bouche d'un témoin absolument digne de foi, qui fut bien près d'être lui-même victime de l'infernale machination teutonne.

Nous sommes au mois d'août 1914.

La scène se déroule entre la première et la seconde occupation de Mulhouse par les troupes françaises. Une lutte très vive est engagée entre Français et Allemands alentour de la grande ville manufacturière. Les Français sont à X..., les Allemands à Y... Ceux-ci sont de beaucoup plus nombreux que ceux-là. Les Français se battent comme des lions et font des prodiges de valeur. Toutefois, l'écrasante supériorité numérique de l'adversaire les oblige à abandonner X..., où l'armée de Belfort avait établi son quartier général. En quittant le pays, ils laissent l'ambulance dans le couvent des Pères Rédemptoristes, où les blessés, français et allemands, sont également accueillis et soignés.

La bataille avait commencé le dimanche 9 août. Le lundi 10, à 8 heures du matin, l'ambulance française sortit pour ramasser les blessés.

Malgré l'emblème de la Croix-Rouge qui la protégeait, les Allemands tirèrent sur elle, ils tuèrent un homme et blessèrent plusieurs femmes. Un autre groupe de brancardiers, où se trouvait le vicaire de X..., fut atteint par les obus allemands. Ce même jour, les Allemands, qui avaient été contraints d'évacuer Mulhouse (et qui y revenaient), arrivèrent à X... où, tout de suite, ils prétendirent que l'on avait tiré sur eux du bâtiment de l'ambulance. Ce qui était absolument faux. Car il a été prouvé depuis que les Allemands, pris de panique, au moment de leur sortie de Mulhouse, avaient tiré les uns sur les autres. Bien que cette accusation, portée contre l'ambulance française, fût tout à fait erronée, elle n'en subsista pas moins dans l'esprit de nos ennemis. Aussi ne faut-il pas s'étonner si, dans la nuit de ce lundi 10 août, une patrouille allemande fit irruption dans l'ambulance, et si toutes ses rigueurs se portèrent sur les propriétaires du local où elle était installée, c'est-à-dire sur les Pères Rédemptoristes.

On commença par emmener un Père sous le prétexte de se renseigner. Après quoi, un sous-officier, à la tête d'une centaine d'hommes, vint procéder à l'arrestation du reste des Pères.

Cette bande de soldats mit la main sur eux partout où elle les rencontra. Elle s'empara d'un religieux en tenue d'intérieur, sans souliers et sans chapeau, le vénérable P. A..., âgé de 75 ans, que d'aucuns de ces énergumènes avaient découvert auprès d'un soldat allemand auquel il administrait les derniers sacrements. La maison tout entière fut fouillée avec une extrême minutie, et la soldatesque allemande put constater, de la sorte, que l'ambulance avait scrupuleusement observé les règlements de la Croix-Rouge de Genève. Toutes les armes avaient été enlevées aux blessés, et déposées dans un endroit fermé à clé. Cela démontrait bien l'absurdité de l'accusation de coups de fusil partis des fenêtres de l'ambulance.

Mais les Allemands, qui cherchaient plutôt à exercer leur fureur sur des victimes qu'à punir de vrais coupables, ne se tinrent point pour satisfaits. Ils continuèrent à bouleverser la maison et à faire main basse sur tous ceux qu'ils trouvaient sur leur chemin et dont la physionomie n'avait pas l'heur de leur plaire. C'est ainsi qu'aux Pères déjà faits prisonniers, vinrent successivement se joindre le personnel restant de l'ambulance française, dont un major, M. L., de Belfort, et 54 hommes, parmi lesquels M. Broegly et un médecin allemand, coupable d'avoir adressé la parole au député alsacien. Les Allemands laissèrent à l'ambulance deux Pères et trois Frères convers, afin d'en assurer le service jusqu'à nouvel ordre.

Encadrés de la centaine de soldats mentionnés plus haut, les prisonniers furent dirigés à pied, au milieu d'injures et de menaces de mort, vers le *Rehberg*, (vignoble) situé à 2 kilomètres de Mulhouse. Les officiers se montraient aussi insolents et aussi dénués de toute retenue que les simples soldats. Les uns et les autres criaient :

— Vous êtes des chiens de c... ! *(Schweinhunde)*, de méchants Français !... des traîtres ! Ah ! les prêtres français en verront bien d'autres !... Dans quelques jours, nous serons à Paris, et nous demanderons 50 milliards à la France écrasée !... En attendant, vous serez tous fusillés ce soir !...

Le vénérable Père A..., appuyé au bras d'un Père plus jeune, marchait avec peine. Sans souliers, chaque pas le blessait, il souffrait un véritable martyre. Son compagnon tenta vainement d'apitoyer leurs bourreaux. Tout en soutenant le Père A..., il leur disait :

— Ayez au moins pitié de ce vieillard de 75 ans !

L'un d'eux, cyniquement, lui répondit :

— Qu'il marche ! Aurait-il 90 ans, il n'en serait pas moins fusillé aujourd'hui !...

Le Père A... continuait péniblement sa route. Ses pieds meurtris se refusaient à suivre l'allure excessive qui leur était imposée : il ne pouvait respirer, ses yeux se voilèrent, il suffoquait. A un moment, ses forces le trahirent à un tel point que son vigilant confrère prit peur. Ému jusqu'aux larmes, il essaya une seconde fois de fléchir la brutale soldatesque. Il se fit plus suppliant encore :

— Ayez pitié, je vous en conjure, de ce vénérable Père, il souffre d'une double hernie.

A quoi, les soldats sans humanité ripostèrent par des ricanements, en criant très fort :

— Qu'importe !... Tenez-vous droit et marchez vite ! Nous n'avons pas de temps à perdre ! *Vorwaerts !* (En avant !)

Du *Rehberg*, où ils parvinrent enfin, l'on traîna les prisonniers vers Mulhouse. Dans les rues de la ville, une populace, composée d'immigrés et de soldats curieux, les accueillit avec des huées : elle vomit sur eux les plus sales injures, les invectives les plus obscènes et proféra de nouvelles menaces de mort. Cette populace, qui semblait prise de vin et d'un véritable délire de haine, se forma en cortège pour accompagner le triste troupeau des prisonniers jusqu'à l'Hôtel de Ville.

C'est aux cris de *Schweinhunde !* et avec la promesse mille fois répétée d'être fusillés le soir même que les malheureux furent introduits dans l'Hôtel de Ville.

Les coups de crosse continuaient d'alterner avec les coups de gueule.

A l'Hôtel de Ville, on leur fit faire une courte halte, juste le temps de procéder à un vague et sommaire interrogatoire. Après cela, les prisonniers reprirent leur marche douloureuse, toujours au milieu d'une foule hargneuse et soumise en tout aux volontés implacables de la soldatesque, qui la bourrait elle-même de coups de crosse quand il lui fallait faire place. De temps à autre, on entendait un rugissement de bête féroce, toujours le même : *Vorwaerts !* et l'on marchait. On atteignit d'abord la caserne du ...ᵉ de ligne. Là, se trouvaient réunis vingt-cinq civils, arrêtés à titre d'otages, et après une demi-heure de halte, on chemina vers l'*Hôtel National* (l'un des premiers hôtels de Mulhouse), où siégeait le Conseil de guerre.

Sans songer le moins du monde à donner un peu de nourriture à ces malheureux qui se traînaient, depuis le matin, le long de la voie douloureuse, l'on poussa la cruauté jusqu'à leur défendre d'acheter quoi que ce soit à l'hôtel. Puis on parqua une trentaine d'entre eux dans une petite chambre dont les issues furent gardées par des sentinelles, et le Conseil de guerre s'ouvrit. Il était trois heures. Chacun passait à tour de rôle, pour répondre aux questions du tribunal militaire. Parmi les prisonniers, il y avait deux ouvriers gravement compromis, parce que l'on avait découvert des armes chez eux. Mais, grâce à la déposition de quelques témoins à décharge, que les juges voulurent bien écouter, leur cause fut remise à plus tard. D'autant plus facilement, faut-il ajouter, que le Conseil de guerre, si impitoyable aux tortures de la faim d'autrui, ne se souciait nullement de se condamner lui-même à ce supplice. De telle sorte que, préférant la satisfaction de son appétit vorace à l'audition des soi-disant coupables, le président du Conseil de guerre déclara gravement qu' « il fallait bien déjeuner ». En raison de quoi, vers trois heures un quart, pour laisser au tribunal la facilité de se restaurer, les prisonniers furent tous reconduits dans leur cachot, mais, bien entendu, sans qu'il leur fût donné la moindre chose à manger.

Une demi-heure plus tard, l'un des religieux arrêtés, le père B. de N..., fut reconduit à X... entre deux soldats, revolver au poing, sous le fallacieux prétexte de faire connaître à l'autorité militaire l'entrée des souterrains imaginaires, dans lesquels les Pères Rédemptoristes étaient accusés de tenir cachés cinq cents soldats français. Tout à X... fut bouleversé et minutieusement inspecté dans l'espoir de découvrir ces précieux souterrains. Aux dénégations du religieux prisonnier les soldats opposaient d'insolentes ripostes, allant jusqu'à dire, par exemple, que tout couvent d'hommes possède toujours un souterrain menant à un autre souterrain, lequel aboutit invariablement à un couvent de femmes. Il faut être Allemand pour se permettre d'aussi immondes insinuations. Toujours est-il que les recherches, auxquelles elles donnaient lieu, n'eurent point d'autre résultat que de faire remarquer que déjà les bandits avaient enlevé de l'argent et quantité d'objets du couvent, que la cave avait été entièrement pillée, et que, de la soixantaine de poules que comptait auparavant le poulailler de la maison, il ne restait même pas les plumes. Ce fâcheux résultat dûment constaté par le Père B..., celui-ci fut ramené en cellule auprès de ses confrères et, comme eux, soumis au régime le plus sévère. Le lendemain de ce jour resté fameux, l'ambulance était définitivement évacuée par ordre supérieur, et les quelques religieux que l'on y avait laissés provisoirement venaient rejoindre dans la prison leurs malheureux confrères.

VIII. — ARRESTATION DE RÉDEMPTORISTES

Durant neuf jours, les religieux furent gardés en cellule, attendant leur comparution devant le Conseil de guerre qui devait statuer définitivement sur leur sort. Comme je l'ai dit, ils étaient assujettis au régime le plus rigide ; ils ne pouvaient communiquer les uns avec les autres, ils avaient pour lit une affreuse paillasse, pour nourriture un pain noir et un peu de mauvaise soupe, et pour tout breuvage un verre d'eau. Le dimanche, les Pères eurent cependant la consolation d'assister à la sainte messe, à laquelle on vit aussi le curé de C..., M. l'abbé B... Le 15 août, par une faveur due à la bienveillance de l'aumônier de la prison, M. l'abbé M..., le vénérable Père A... put célébrer, dans la chapelle, le cinquantième anniversaire de son ordination sacerdotale. Deux confrères furent pareillement autorisés à servir la messe, pendant laquelle tous ses confrères communièrent avec une inexprimable émotion. Cette communion si touchante (qui rappelait celle des premiers chrétiens dans les Catacombes) ne serait-elle pas la dernière pour tous ? L'auguste pontife Pie X avait envoyé au pieux jubilaire, par l'intermédiaire du supérieur général de l'Ordre, résidant à Rome, une bénédiction spéciale. Mais le bon Père A... ne fut avisé de cette grande faveur que plus tard, après sa mise en liberté.

Encore que ce jubilé eût jeté une note lumineuse parmi tant de jours sombres, les heures s'écoulaient lentes et cruelles dans les misérables cellules où, pourtant, les saints religieux priaient avec ferveur. La prière, est-il besoin de le dire ? était leur unique occupation : ils ne pouvaient ni lire, ni écrire, et toute distraction leur était rigoureusement interdite. De temps à autre, quelque bruit suspect les venait troubler dans le réduit où chacun se tenait isolé, et leur faisait appréhender des événements tragiques. Ne vivait-on pas en pleine terreur ? C'est ainsi qu'un jour, la prison tout entière retentit de cris lamentables. Ces cris étaient poussés par une bande d'enfants de douze à seize ans que l'on amenait de B..., où déjà les Barbares avaient fusillé six hommes et incendié quarante maisons. Les malheureux enfants se croyaient eux-mêmes au moment d'être mis à mort. Ils furent heureusement relâchés par l'administration civile, après le départ de la force militaire, non pas, certes, parce que celle-ci s'était montrée pitoyable, mais parce qu'elle n'avait pas eu le temps, en face des événements qui se précipitaient, de se rendre aussi odieuse que de coutume.

Le 18 août, commencèrent les débats devant le Conseil de guerre. Il serait oiseux d'en vouloir donner les détails, attendu que les séances du tribunal furent providentiellement interrompues, et n'eurent pas, de ce fait, les conséquences qu'elles comportaient. Qu'il me suffise de rappeler que les accusations formulées contre les religieux étaient précises, puisqu'elles ne visaient rien de moins que le crime de haute trahison, et que tout le loyalisme dont, cependant, avaient fait preuve les accusés, ne pouvait les sauver de la peine capitale. Le président du Conseil de guerre déclara tout de suite qu'il n'y avait pour tous les accusés d'autre peine que la mort.

Mais la Providence veillait sur eux ! A peine le Conseil de guerre fut-il entré en séance, que l'on entendit des coups de canon. Chacun dressa l'oreille. Les coups, d'abord espacés et lointains, se multipliaient et se rapprochaient sensiblement. Que signifiait cette reprise d'activité dans les combats ? Les Français l'emportaient-ils donc sur leurs ennemis ? A un moment, un exprès apporta un pli au Conseil de guerre. Le président s'en saisit ; après l'avoir lu avec une véritable stupeur, il se leva à la façon d'un automate, et hurla :

— Le Conseil est levé ! Ramenez les prisonniers dans leurs cellules !

Ce fameux pli — encore une chose que l'on ne devait apprendre que plus tard — annonçait la seconde arrivée des Français à Mulhouse. Mais, à ce moment-là, personne, parmi les accusés, ne soupçonna la vérité : ils ne croyaient plus à une délivrance possible. Si bien que ce fut avec un redoublement d'angoisse qu'ils voyaient disparaître successivement tous les membres du Conseil de guerre. Ils ne se doutaient pas qu'ils ne les reverraient plus ! Escortés de leurs gardiens, les accusés reprirent le chemin du cachot.

Je laisse à deviner la nature des réflexions qui les assaillirent durant les heures pénibles qui suivirent. Quelles nouvelles épreuves leur étaient réservées ? De quoi sera fait le lendemain pour eux ? Plus que jamais, les saints religieux s'en remirent à la volonté divine. Ils se sentaient si petits et si faibles en regard des événements qui paraissaient aller en empirant !

Le lendemain, 19 août, vers neuf heures du matin, le canon, qui s'était tu quelque temps, se mit à gronder de plus en plus fort. Tout à coup, l'on entendit une détonation formidable, qui fit croire aux prisonniers que les murs de la prison étaient sur le point de s'écrouler sur eux. Les Français, on devait l'apprendre bientôt, avaient décidément l'avantage sur leurs ennemis. Ils venaient de prendre quatre batteries. Un garde accourait raconter aux prisonniers que les Allemands fuyaient en toute hâte.

Pour la première fois, l'on se montra, dès lors, un peu plus humain envers les détenus. On les fit descendre dans la cour. Grande fut leur émotion, à se retrouver ensemble dans un tel désarroi. Qu'allait-il survenir ? Les exécuterait-on sommairement ? Qui resterait maîtres, des Français ou des Allemands ? C'était pour les religieux qui se savaient condamnés, une question de vie ou de mort. Et le loyalisme dont ils avaient conscience n'empêchait point que, tout en implorant le ciel, ils ne regardassent du côté de la France !

Il était à peu près cinq heures, lorsque deux grands coups furent frappés à la porte de la cour où les prisonniers étaient massés. Soudain, la porte s'ouvrit, livrant passage à un officier français qu'accompagnaient deux soldats, le fusil au bras, la baïonnette au canon. Cet officier était un lieutenant du ...ᵉ de ligne. L'ange descendu dans la fosse aux lions, où se tenait Daniel, ne dut pas être accueilli avec plus de joie que ne le fut le lieutenant par les prisonniers emmurés dans la cour de leur prison. Un officier français ? Des soldats français ? Mais alors, c'est la liberté et la vie ! O Dieu ! que d'actions de grâces s'échappèrent alors de tous les cœurs !

Sur-le-champ, l'officier français s'adresse en allemand au garde :

— Ces messieurs sont libres !

Et comme le garde ne semblait pas comprendre, l'officier reprit :

— Je le répète, ces messieurs sont libres ! Faites vos préparatifs, parce que l'on va faire l'appel et remplir les formalités nécessaires.

Jamais, depuis leur arrestation, musique plus douce n'avait retenti aux oreilles des prisonniers. Eh quoi ! C'en était fini de l'angoisse atroce qui les étreignait ! Au lieu de s'aligner contre le mur pour recevoir les balles qu'on leur avait promises, ils étaient libres ! Dans une incomparable seconde, tout leur fut clarté sereine, douceur et félicité. Mais comme tout a une fin dans ce monde — la surprise heureuse comme la plus horrible angoisse — il vint un moment où les détenus regagnèrent leurs cellules, pour y quérir le peu d'objets qu'ils y avaient laissés. Après quoi, tous, sous l'escorte française, franchirent la porte de la prison. Ils étaient vraiment libres !

Le vaillant général P..., commandant l'armée d'Alsace, les fit conduire dans la chère France, qui les accueillit avec enthousiasme !

Ce qu'ils sont devenus depuis, je n'ai pas à le dire. Toutefois, je puis assurer que cette heure de joie fut suivie, quelque temps après, pour l'un de ces religieux — le supérieur de la communauté de X... — d'amers lendemains. Libre, comme je l'ai dit, le vénérable Père T... fut rappelé par ordre supérieur pour être jeté dans ce que je nommerai la gueule du loup. Respectueux de l'autorité, il obéit à l'ordre reçu. Mais il ne tarda point à être de nouveau incarcéré par les Allemands.

Depuis quatre mois, il est en prison, et l'on est sans nouvelles de lui.

Que Dieu lui soit en aide, comme il est venu en aide à tous ses compagnons !

IX

Pendant que sonne la charge [1]

Pendant que sonne la charge et que des hauteurs des Vosges dévalent nos troupes, les cœurs alsaciens battent à l'unisson du clairon. Les uns et les autres vibrent du même espoir : tous ont foi dans les destinées immortelles de la France. Faute de se battre avec des armes, ceux qui attendent là-bas semblent marcher à l'ennemi. A leur manière beaucoup d'entre eux font figure de héros. Témoin les histoires à la fois simples et touchantes, que j'ai pris plaisir à noter, à mesure qu'elles s'égrenaient sur les lèvres d'un ami, à son retour de la terre chérie.

Un dimanche, il y avait foule dans une charcuterie de la ville de X... Le magasin n'étant ouvert que de dix heures à midi, chacun s'y pressait. Et c'est à cette circonstance qu'une dame allemande dut la fâcheuse inspiration de prendre à partie les Alsaciens qui, comme elle, attendaient leur tour.

Humiliée de se trouver au milieu de tant de *Wackes*, elle s'écria :

— Après la guerre, nous traiterons autrement les Alsaciens : on leur donnera des gifles, et on leur crachera à la figure ! (*Man wird ihnen Ohrfeigen geben und in's Gesicht spucken !*)

[1] 19 octobre 1915.

Un silence, gros d'orage, se fit. Les employés, qui servaient rapidement les clients, s'arrêtèrent un moment. Tout le monde se regardait. Or, voici que tout à coup une brave femme d'ouvrier se met à jouer des coudes et vient se planter carrément devant la dame allemande. Une impulsion en sens inverse avait fait le vide autour de la farouche Teutonne et, partant, favorisé la marche de la brave femme. Les deux poings sur la hanche, l'Alsacienne répliqua :

— Ah ! c'est comme cela ! Eh bien ! nous n'attendrons pas si longtemps, nous !

Et pan ! une gifle ; vlan ! un crachat.

Et les gifles et les crachats se succèdent sur la face rubiconde ou les vêtements de l'Allemande, cependant que les acheteurs vident la charcuterie, et que maîtres et employés, feignant de chercher des marchandises, tournent le dos.

La brave Alsacienne put s'éclipser sans plus de dommage. L'Allemande s'en fut dare-dare déposer une plainte à la police. Mais quand celle-ci, représentée par un agent atrabilaire, arriva dans le magasin, il ne se trouva personne pour la renseigner. A toutes ses questions, même à ses menaces, le charcutier opposa une fin de non-recevoir :

— Que voulez-vous, lui dit-il, il y avait tant de monde ! On était si occupé ! Non, vraiment, nous n'avons rien vu, rien entendu.

A Y..., où l'on attend les Français, on fait des préparatifs pour les recevoir, et la France avec eux. Avant tout, il s'agit de confectionner un beau drapeau. Oui, mais il paraît qu'il est fort difficile d'arriver à réunir les trois couleurs françaises dans un pays où les maudits Allemands foncent sur le tricolore comme des taureaux sur le rouge ! Néanmoins personne ne se décourage. Chez les Z...., par exemple, on s'est dit, non sans raison, qu'il suffisait d'acheter de l'étoffe bleue et de l'ajouter aux couleurs alsaciennes — blanche et rouge — pour avoir le drapeau français. Et voilà l'enfant de la maison, le petit *Disi* (Jean-Baptiste), qui, pour ne pas éveiller les soupçons des maîtres détestés de l'Alsace, est chargé par ses parents de l'achat de la précieuse étoffe bleue. Bien entendu, son père et sa mère l'engagent fort à être discret, car il ne s'agit pas d'attirer sur soi l'attention de l'autorité militaire.

— Surtout, *Disi*, ne cause pas trop ! lui recommande la maman.

— Aie pas peur ! riposte le petit garçon, je m'en tirerai bien !

Et *Disi*, très fier de sa mission de confiance, s'en va tout de go dans le plus grand magasin de la ville — un magasin allemand, hélas ! — pour acheter l'étoffe tant désirée.

Disi, qui se pique d'être clair dans ses explications, s'empresse de demander un morceau d'étoffe bleue pour faire un drapeau bavarois. La demoiselle de magasin qui le sert est aussi allemande que ses patrons. Elle sourit d'abord au petit commissionnaire. Elle s'enquiert ensuite s'il ne lui faut pas autre chose. A quoi le petit Alsacien se hâte répondre :

— Non, papa a dit que le rouge et le blanc, nous l'avions déjà à la maison !

A X...., un Alsacien, âgé de cinquante ans et malade depuis bien longtemps, sent sa fin approcher. Mourra-t-il avant d'avoir vu se lever sur son pays le jour de la délivrance ? Qu'importe ! tout est entre les mains de Dieu, et ce bon Français, qui est aussi un bon chrétien, offre généreusement sa vie pour le triomphe de la France. Au moment d'expirer, et cependant que les siens le pleurent déjà, l'Alsacien se redresse et entonne la *Marseillaise*. Il mourut en chantant l'hymne français !

A Z..., un vieux brave, qui a fait la campagne de 1870, et qui attend avec impatience le retour de la France, a enfin cette joie immense. Un beau jour, il apprend que les troupes françaises vont entrer, drapeau en tête, dans son village. Le vieux brave tient à être au premier rang pour les voir défiler. Mais, du plus loin qu'il les aperçoit, une telle émotion de bonheur et de fierté l'étreint qu'il ne se sent pas assez fort pour contempler ce spectacle du drapeau tricolore frémissant au-dessus des baïonnettes ; cependant que les pioupious marchent au pas accéléré, il s'écrie avec délire :

— *Nandadié !* (nom de Dieu ! exclamation alsacienne qui n'est pas un juron) les voilà enfin ! (*Do sind si a mol !*)

Et, ayant dit, il tombe la tête en avant comme pour un salut — le dernier — et il meurt !

A H..., un peu en arrière du front, une ambulance est organisée. L'on y soigne, côte à côte, les Français et les Allemands, mais l'on témoigne aux premiers une prédilection marquée. A deux jours d'intervalle, un blessé allemand et un blessé français décèdent. On les enterre l'un et l'autre. Aux obsèques de l'Allemand, il n'y a presque personne ; à celles du Français, tout le village assiste. De là, colère des Allemands, rage des fonctionnaires préposés à la surveillance du service des funérailles. Les *Teufel* (diable) et les *Gott* (Dieu) roulent dans leurs bouches avec autant de fracas que le tonnerre dans la montagne aux jours les plus orageux. Mais chaque villageois, interrogé sur sa présence aux obsèques du *Welch* (Français), répond avec candeur :

— Non, vraiment, nous n'avions aucune mauvaise intention : c'était dimanche, il fallait bien aller à l'église !

A B..., scène atroce. Les Français ont dû évacuer le village (août 1914). Les Allemands y rentrent en vengeurs de leurs précédents revers. Ah ! il n'y a plus de Français pour recevoir des coups, tant pis ! Comme il leur faut des victimes, les gens du village paieront pour ceux qui ne sont plus là. Les Allemands font aligner contre un mur, les bras en l'air, un certain nombre d'hommes et de femmes. Ordre est donné de les fusiller. Tous attendent le coup mortel avec courage, le regard levé vers le ciel ; une femme s'écrie :

— Visez bien, pour qu'aucun de nous ne voie tomber l'autre ! *(Ziehlet güet ass kain im andra nola aga müass.)*

A M... (août 1914), une famille alsacienne fut soudain surprise, au milieu du déjeuner, par la vue d'uniformes français, sous ses fenêtres. Qu'est-ce à dire ? Les Français seraient-ils là ? Grande émotion ! La maîtresse de maison est la fille d'un ancien cuirassier français, qui, depuis quelques années, dort de son dernier sommeil dans le cimetière tout proche.

Remuée dans toutes ses entrailles par l'apparition de ceux qu'aimait tant son père, elle murmure :

— Il faut que j'aille raconter cela à papa !

Et, en effet, à quelques heures de là, on la vit au cimetière, agenouillée devant la chère tombe et répétant comme dans un rêve :

— Papa ! papa ! les Français sont ici ! Ils sont ici ! Dors en paix maintenant, tu dors dans la terre de France !...

X

Protestation contre le récent réquisitoire de M. Barathon du Mouceau [1]

M. Barathon du Mouceau, substitut près le tribunal de la Seine, vient de commettre un fort regrettable impair.

Ayant eu à conclure, dans un procès plaidé devant la 10ᵉ-11ᵉ Chambre correctionnelle, ce magistrat n'a pas craint de s'exprimer sur le compte des Alsaciens-Lorrains dans les termes suivants :

« ... On vous a dit que les Alsaciens avaient reçu, de récents décrets, les mêmes droits que les Français : s'il est exact qu'on leur a donné les mêmes privilèges et les mêmes faveurs, il y a deux choses qu'on ne pouvait leur procurer : la qualité de Français, qu'ils ne pouvaient obtenir qu'en la sollicitant alors qu'ils étaient à même de le faire, et surtout le sentiment français dont on ne saurait se prévaloir quand on a fait tout son service militaire dans l'armée allemande. »

Je ne m'arrêterai pas à faire ressortir tout ce qu'un pareil langage a d'odieux pour les Alsaciens, dans le temps où nous sommes. Qu'il me suffise de dire que ces paroles ont, à coup sûr, frappé en plein cœur tous mes compatriotes. Pour moi, je ne puis résister au besoin d'élever contre elles une énergique protestation.

Eh quoi ! Il se trouve, à l'heure actuelle, un magis-

[1] 23 octobre 1915.

trat français, c'est-à-dire un homme qui, de par sa profession, devrait se montrer à la fois juste et éclairé dans ses appréciations, pour oser reprocher aux malheureux Alsaciens un état de choses dont ils ne sont point responsables ! Que peut faire, je le demande à M. Barathon du Mouceau, la génération alsacienne, présentement sous les drapeaux du *Kaiser*, contre les conséquences désastreuses du traité de Francfort ? Parce qu'elle a dû accomplir son service militaire sous l'uniforme allemand, est-il raisonnable, est-il équitable d'en conclure que son cœur, subissant l'influence de l'habit d'esclave sous lequel il est comprimé, ne *saurait se prévaloir* du sentiment français ?

En vérité, M. le substitut a été, ou bien peu renseigné, ou fort mal inspiré pour émettre une opinion aussi téméraire. Mais comme, en fin de compte, je ne mets pas en doute son entière bonne foi, je tiens à lui prouver, non par de longs raisonnements juridiques, mais par de simples faits, que le sentiment français est assez vif dans le cœur de tous les vrais Alsaciens pour que personne n'ait à le leur *procurer*.

Que M. Barathon du Mouceau se rappelle tout ce que les Alsaciens ont, durant quarante-quatre ans, souffert sous le joug teuton pour maintenir leur indestructible attachement à la France; qu'il considère leur attitude pendant cette guerre et les mauvais traitements qu'on leur inflige, ou plutôt qu'il veuille se donner la peine de me suivre là-bas, où l'on se bat, et non où l'on se contente de parler — non loin du Hartmannsweilerkopf — et il apprendra comment ces Alsaciens qui, d'après lui, *n'ont pas le sentiment français*, entendent l'amour de la France.

Voici, du reste, un trait qui m'a été conté par un ami aussi éprouvé que bien informé, et qui ne pourra manquer d'éclairer, voire de toucher M. Barathon du

Mouceau. La scène s'est passée aux environs du Vieil-Armand. Ils sont là, plusieurs Alsaciens-Lorrains, brusquement ramenés du front oriental pour faire face aux *diables bleus* (l'on sait que les Allemands, se défiant des Alsaciens, les ont envoyés en Russie). Certes, ce n'est pas sans angoisse qu'ils se sentent, eux, de vrais Alsaciens ou Lorrains, perdus dans les rangs de l'armée allemande. Au fond de leurs tranchées et dans le fracas des obus, ils songent qu'il va leur falloir marcher contre la France. Cette idée seule les fait frissonner des pieds à la tête. Tous, ils ont été contraints de faire leur service militaire en Allemagne, mais, pourrait-on dire : ne sont-ils pas Allemands de fait? Sans doute aussi, la patrie allemande, si marâtre soit-elle, attend d'eux le minimum de loyalisme. Mais au-dessus de l'Allemagne, ils sentent, ces enfants d'Alsace, qu'il y a la France, leur mère tant regrettée et à laquelle ils ont été si violemment arrachés en 1870. Et rien ne leur paraît plus torturant, à cette heure douloureuse de leur jeune existence, que la perspective de marcher contre elle. Par ordre de la marâtre, courir sus à la mère! Oh! Dieu! c'est poignant au delà de toute expression!

Tous trois — ai-je dit qu'ils étaient trois? — sont en proie à la plus cruelle perplexité. Que penser? Que faire? Quelle fatalité les dominera, quand viendra la minute de sauter de la tranchée pour se porter en avant? Subiront-ils les ordres de la marâtre, ou sera-ce la mère qui aura le dessus dans ce tragique conflit? L'angoisse qui les tenaille est horrible.

Et voici que le moment décisif est arrivé. Près d'eux, le chronomètre à la main, un chef allemand a hurlé : *Vorwaërts!* (En avant!) Les trois Alsaciens ont sauté de leurs abris avec les camarades. Ils vont, courant, criant, tâchant à s'étourdir. Mais, là-bas devant eux, le canon tonne, les fusils partent et les *diables bleus* rugissent. Nos Alsaciens entendent une sonnerie, ils voient un drapeau, ils s'arrêtent.

Vorwaërts! Vorwaërts! crie-t-on alentour d'eux.

Vorwaërts! Non, non, ils ne peuvent se décider à se lancer en avant. Le sous-officier, qui est proche de deux de ces braves Alsaciens, a remarqué la suprême défection de leur âme, reprise tout entière par la mère-patrie, la vraie, la seule. De deux coups de revolver, il fait justice de ce sentiment qu'il est incapable de comprendre. Deux des Alsaciens tombent pour ne plus se relever, frappés, l'un au cœur, l'autre à la tête, par une balle allemande. Quant au troisième, résolu à ne point tirer contre des Français, il jette ses ses armes et marche fièrement en avant. La sonnerie, le drapeau, les *diables bleus*, la France! Oui, il va à tout cela comme dans un rêve, un long rêve d'amour enfin réalisé !

Et, soudain, le baiser mortel d'une balle française l'étendit à son tour, sur le champ de bataille. Avant de mourir, il put encore proférer quelques mots. Il dit :

— J'aime mieux cela !...

Après de tels exemples et maints autres que je pourrais citer, M. Barathon du Mouceau voudra-t-il encore soutenir que les Alsaciens, qui ont fait leur service militaire dans l'armée allemande, n'ont pas le sentiment français ?

XI

L'Ame alsacienne [1]

M. Barathon du Mouceau nous fait savoir, par la voie des journaux, qu'il n'a point prononcé les paroles outrageantes pour les Alsaciens-Lorrains dont l'opinion publique s'est si vivement émue. Certes, la protestation de M. le substitut près le tribunal de la Seine part d'un mouvement qui l'honore. Mais le malheur est que cette protestation n'infirme en rien le jugement de la 10°-11° Chambre correctionnelle.

Après comme avant, il demeure acquis, en vertu de ce jugement, que le premier venu peut traiter impunément de *Boche* tout Alsacien qui n'a pas l'heur de lui plaire. Et c'est, en vérité, la chose la plus regrettable dans l'affaire, la seule regrettable en fin de compte, et contre laquelle la protestation de M. Barathon du Mouceau (toute louable d'intention qu'elle soit) est tout à fait impuissante à réagir.

Au surplus, ce jugement du tribunal correctionnel de la Seine a mis en lumière un état de choses dont la constatation est loin d'être inopportune : la complète méconnaissance où l'on est parfois, chez nous, de ce qui constitue l'âme alsacienne. Autrement, est-il besoin de le faire remarquer? nous n'aurions jamais eu l'occasion de nous émouvoir et de nous indigner comme nous venons de le faire.

Pour moi, j'ai dit déjà ce que le premier élan,

[1] 12 novembre 1915.

soulevé par le jugement susdit, a fait jaillir de mon cœur à la plume. Mais je ne laisse pas de souffrir en pensant que l'Alsacien est traité de *Wackes* au delà des Vosges, et quelquefois de *Boche* en deçà. Franchement, il mérite d'être mieux connu, et partant mieux apprécié, sinon dans le pays du lieutenant von Forstner, du moins dans celui de MM. les juges qui siègent à la 10-11ᵉ Chambre correctionnelle. La France et le sentiment français ne sont pas, que je sache, la propriété exclusive de quelques-uns, et l'on n'en saurait disposer comme d'un bien indivis que se disputeraient des héritiers aux abois. Il y a, à cela, des raisons de justice et des raisons de psychologie. Je laisse de côté celles-là pour ne m'occuper que de celles-ci.

Violemment arrachée à la mère-patrie par l'infâme perfidie que l'on sait, l'Alsace, pour être passée sous la domination allemande, ne s'est pas germanisée d'autant. L'attitude de ses nouveaux maîtres, le régime d'exception auquel ils la soumirent durant quarante-quatre ans, les mesures de rigueur dont elle est présentement l'objet de leur part prouvent avec évidence que, prise par la force, l'Alsace, en dépit de ses efforts de loyalisme, ne s'est jamais donnée à ses vainqueurs : elle est restée elle-même.

L'âme alsacienne, qui est vibrante, fière, passionnée de liberté, éprise d'idéal, assoiffée de justice, jalouse de ses traditions, confiante dans ses immortelles destinées, nationaliste au plus haut degré et profondément religieuse, se trouve être, en réalité, l'antipode même de l'âme teutonne. Et il faut, certes, bien méconnaître ou ne point connaître du tout la première, pour se permettre de l'assimiler à la seconde et se la figurer marchant, comme elle, au pas de l'oie.

Eh quoi ! l'âme alsacienne aurait acquiescé aux

erreurs du « Deutschtum » ? Elle chanterait le
« Deutschland über alles » ? Elle admettrait le régime
de la force primant à jamais le droit ? Mais, en vérité,
si cela était, il n'y aurait plus d'âme alsacienne.

Pourtant, à n'en point douter, il existe une âme
alsacienne. Elle s'est manifestée tout entière dans les
milliers et milliers d'Alsaciens-Lorrains émigrés, qui
occupaient en France, avant la guerre, de hautes
situations dans toutes les carrières ; elle nous est
apparue dans toute sa noblesse chez les vaillants
apôtres restés au pays natal, après l'année terrible,
comme les Wetterlé, les Samain, les Jean, les Collin,
les Helmer, les Laugel, les Blumenthal, les Preiss, les
Ingold, et tant d'autres. Les uns et les autres nous ont
merveilleusement montré que leur âme n'avait rien de
commun avec l'âme boche, mais qu'elle avait, au
contraire, tout de l'âme française.

Je n'ignore pas que d'aucuns reprochent à l'Alsacien
son langage. « L'Alsacien, dit-on, s'exprime en allemand, donc il pense comme un Allemand. » Mais,
outre que la France offre dans son ensemble beaucoup
de provinces, qui ont conservé leur dialecte (témoin la
Bretagne, les pays basques, l'Auvergne, le Midi cher
à Mistral) et que nul ne s'avise de suspecter l'esprit
national de ces provinces, il ne faudrait pas, prenant
des vessies pour des lanternes, admettre comme
preuve d'un manque de sentiment français ce qui,
au contraire, affirme ce sentiment et nous le montre
dans toute sa beauté. Car, en définitive, si l'Alsace, a
gardé fidèlement sa langue originale, laquelle est l'expression de son âme à elle, et non celle de l'âme de
ses maîtres honnis, c'est parce que la France, durant
deux siècles et un quart, s'est ingéniée à la lui conserver à titre de caractéristique de son génie personnel.
Et c'est ce libéralisme de la France, ce respect des

mœurs et des coutumes de chacune de ses provinces, qui lui ont conquis à jamais le cœur et la pensée de la fière et indépendante Alsace. Avec amour, celle-ci a reconnu la légitime et douce autorité de la mère-patrie, qui s'appliquait à la traiter suivant son caractère et ses aspirations propres, tandis que, depuis quarante-quatre ans, elle piaffe et regimbe sous l'éperon de l'envahisseur. Tout ce que je dis là est prouvé par les faits. Ces faits, il me serait aisé de les énumérer si le cadre restreint de cet article me le permettait. Toujours est-il que je n'invente rien pour les besoins de la cause.

Que si maintenant l'on oppose aux faits auxquels je fais allusion, d'autres faits qui paraissent les contredire, par exemple l'attitude de certains soi-disant Alsaciens durant l'occupation française, je me contenterai de faire remarquer que d'habiter l'Alsace, d'y vivre, voire d'y posséder quelque propriété, ne constitue ni le caractère, ni la personnalité de l'Alsacien, ni moins encore ses traditions. Nombreux sont en Alsace les immigrés allemands, fils d'immigrés, qui s'y sont implantés comme des envahisseurs et non comme des indigènes, et qui y forment une classe à part. Ces Allemands méconnaissent et méprisent l'âme alsacienne. Pour eux, celle-ci n'est rien de moins qu'une âme de *Wackes* (âme de chenapan).

Au vrai, c'est à l'âme boche que se sont heurtées quelquefois nos vaillantes troupes d'occupation. Je me suis laissé dire qu'elles étaient demeurées douloureusement surprises et émues de cette rencontre inopinée qui les atteignait en plein rêve. Nos admirables guerriers s'étaient imaginé, sur la foi de je ne sais quelle légende, que les quarante-quatre années de domination allemande n'avaient laissé aucune trace sur la terre d'Alsace. Et je crois bien qu'ils avaient poussé l'illusion jusqu'à se persuader qu'il suffirait à la France de se présenter aux portes de la chère province ravie à son amour, pour que, immédiatement, disparaisse l'emprise détestée, et s'évanouisse l'odieux cauchemar. Ils avaient compté, nos vaillants guerriers, sans leur hôte.

Le fait est qu'en Alsace l'âme boche continue à persécuter l'âme alsacienne ; elle lutte pied à pied. Pour arriver à ses fins, tous les moyens lui sont bons. Elle emploie d'abord l'insinuation :

— Ah ! ah ! dit-elle sur un ton goguenard, vous croyez à la France, cette nation finie, que Dieu a abandonnée ! Vous croyez que la France, qui ne sait que démolir, va tout-à-coup apprendre l'art de reconstruire ? Mais, idiots que vous êtes, le génie de l'organisation nous appartient exclusivement, à nous, Germains. Regardez les Latins ! Et puis, si, par impossible, l'Alsace redevenait française, la France vous traiterait de Boches comme elle nous traite de Barbares. Avez-vous réfléchi à ce que deviendraient vos prêtres que vous aimez, vos églises, auxquelles vous tenez si fort, vos traditions religieuses, qui font partie intégrante de votre vie ? Au lieu de diriger vos regards sur la pauvre France, tournez-les donc une bonne fois du côté de la glorieuse Allemagne, la « race élue », le « peuple choisi » de Dieu. Voyez son incomparable structure ! Comptez ses victoires ! Admirez ceci, admirez cela, et encore ceci, et encore cela, admirez toujours !

Elle emploie aussi l'intimidation :

— Comment ! vous n'admirez pas ? Mais si vous n'admirez pas, du moins apprenez à craindre la puissance colossale de l'Allemagne ! Savez-vous bien que nous sommes vainqueurs partout ? Oui, l'Allemagne est solidement établie en Belgique, en France, en

Russie ; nous allons manger la Serbie, et, avec nos amis les Bulgares et les Turcs, nous sommes en train de marcher sur Constantinople pour, de là, gagner Suez, l'Égypte, les Indes, l'Indo-Chine, etc... Nous vaincrons nos ennemis ; nous vaincrons le monde entier ! Qui n'est pas avec nous est contre nous. Allons ! habitants de l'Alsace, dissipez vos chimères ! Quoi ! vous dites que les Français sont en Alsace et qu'ils ne sortiront plus des pays qu'ils tiennent en ce moment ! Imbéciles ! Vous ne savez donc pas que nous les avons attirés là tout près de nous, le plus près possible, et que, conformément à un plan à nous, ces maudits Francillons sont contraints de rester accrochés à nos terres d'empire. Mais, le jour où il nous plaira de changer ce plan, nous les ferons reculer bien loin : rira bien qui rira le dernier.

Après l'intimidation, la menace :

— Comment ! Vous avez encore une âme alsacienne, et non une âme allemande ? Vous prétendez vivre suivant vos traditions ! Vous avez des idées à vous, qui sont loin d'être celles de la grande Allemagne ! Vous parlez français ! Vous aimez la France ! Vous faites des vœux pour nos ennemis ! Fort heureusement pour nous, nous ne sommes point désarmés contre vous. Attendez un peu !... La ruine, la prison, la mort (qui sont nos alliées fidèles) vont s'abattre sur vous. Malheur à vous ! Malheur à vous si vous osez tourner vos sympathies du côté de la France !

Et ainsi, dans toute l'Alsace, l'âme alsacienne se trouve aux prises avec l'âme germanique. Entre elle et sa persécutrice s'est engagé un duel sans trêve ni merci. Ce duel, je ne crains pas de l'affirmer, fait à l'Alsace une situation effroyable, à laquelle nous ne pensons pas assez, nous, les privilégiés que la science impeccable de valeureux chefs militaires et le dévouement sans limite de soldats héroïques protègent contre les représailles de nos barbares ennemis.

Mais que l'on y songe bien. L'Alsace vit, elle, sous ce terrible régime. Depuis le début de la guerre, elle est devenue le théâtre d'événements aussi odieux que cruels. C'est la terreur qui y règne. Ceux qui ont volé l'Alsace-Lorraine en 1870 entendent la garder à tout prix. Ils la disputent, pied à pied, aux Français, qui la veulent reprendre et qui l'auront sûrement. Pour cela, ils ont recours à toutes les armes, leur félonie n'a que l'embarras du choix. La délation, le chantage, la violence, l'oppression, l'amende, la prison, voire la mort, sont les moyens habituels par lesquels l'âme boche se flatte de faire entrer de force dans l'âme alsacienne le culte sacré du « Deutschland über alles ».

Que l'on y songe aussi, il y a longtemps que l'Allemagne s'emploie de son mieux à obtenir un pareil résultat. Depuis l'annexion, les écoles primaires et secondaires et l'Université de Strasbourg ne poursuivent pas d'autre but que de muer les Alsaciens en vrais Allemands.

La *Kultur* y est administrée aux jeunes générations avec méthode, avec abondance et avec une rigueur inflexible. Et comme si cette *Kultur* ne se recommandait pas suffisamment de soi-même, elle est renforcée, dans la vie courante, par la mainmise allemande sur toutes les situations gouvernementales un peu en vue, j'entends celles qui permettent de gagner honorablement de quoi vivre. Chez eux, les Alsaciens ne sont rien, moins que rien. Que quelques-uns dans le nombre — ceux dont les intérêts personnels parlaient plus haut que la conscience nationale — aient fini par mordre à l'appât allemand ; que d'autres — ceux auxquels la force en impose — aient été dominés jusqu'à un certain point par le régime de terreur auquel ils se sont vus soumis, il est inutile de le nier. Les actes retentissants et pénibles des Martin Spahn, des Ricklin et consorts le prouvent de reste. Mais, en fait, sur toute la terre d'Alsace-Lorraine, le nombre des traîtres est des plus limités. Pour ce qui est de celui des terrorisés, il est certainement plus élevé, toutefois il augmente ou diminue suivant les événements, attendu qu'en Alsace, comme dans tous les pays du monde, les trembleurs ne demandent pas mieux que de ne plus trembler. Que les casques à pointe disparaissent du pays, et l'âme alsacienne y resplendira comme, après l'orage, le soleil dans l'éternel azur. Que les Français se rendent maîtres de toute l'Alsace, et tous les vrais Alsaciens recevront à deux genoux et exalteront avec un délire sublime leurs libérateurs.

Cela est naturel, car cette âme, que j'ai représentée, au début de cet article, comme foncièrement différente de l'âme boche, n'a été, dans sa généralité, ni gagnée à la *Kultur* dont elle souffrait, ni acquise à un caporalisme étroit et barbare, dont ne s'accommodait pas plus son goût d'indépendance que son besoin d'idéal. Bien au contraire, l'état de servitude où elle s'est vue réduite accentue en elle la passion de la liberté. Plus ses maîtres ont eu recours à la force pour la dompter, mieux elle a senti le prix de la justice. Tout ce qu'ils ont fait pour l'arracher à elle-même n'a réussi qu'à l'y attacher plus fortement. A telles enseignes qu'après quarante-quatre années de luttes tragiques, c'est toujours dans les plis du drapeau tricolore et dans les bras de la France que l'âme alsacienne voit la sauvegarde de son patrimoine et l'accomplissement de sa destinée. Elle les y voit si bien que, dédaignant résolument l'aigle noir, l'âme alsacienne demeure à jamais captivée par le chant du coq gaulois, dont la voix lui annonce le lever du jour de la délivrance. Elle l'écoute, elle l'entend : il chante pour tous la liberté, la justice, le droit, la civilisation, et pour elle plus encore : l'appel sacré de la patrie !

XII

Les Atrocités allemandes en Alsace [1]

L'opinion publique en France commence à s'émouvoir vivement au spectacle des atrocités, à peine croyables, dont l'Alsace-Lorraine est présentement le théâtre, et qui rappellent celles de la Belgique, du Nord de la France et de la Pologne.

Elles se multiplient quasi à l'infini, et elles font des victimes, non seulement parmi les Alsaciens-Lorrains, mais parmi les vaillants Français, qui sont en train d'arracher l'Alsace au calvaire qu'elle gravit depuis un an et demi. Aussi, est-ce un devoir pour tout Alsacien de dénoncer les cruautés allemandes à l'indignation publique, afin qu'il en soit fait état au jour de la reddition des comptes et du châtiment suprême. Il est impossible, en effet, que la conscience universelle ne se révolte point contre les crimes abominables commis par les Barbares, qui se flattent d'appartenir à une nation chrétienne et civilisée. Et, chose extraordinaire, l'Allemagne inflige ces cruautés à deux provinces qu'elle revendique comme siennes au nom de je ne sais quelles subtiles affinités.

A C..., après le passage des Français, les Allemands sont revenus avec des allures de fous furieux. Ils courent et hurlent dans les rues, menaçant tout le monde des pires traitements. Une femme tenant à la main sa petite fille, âgée de six ans, rencontre l'un de

[1] 30 novembre 1915.

ces enragés. Sans raison et sans provocation, il se jette sur l'enfant et la tue.

A M..., il y avait un bon juge de paix et un brave épicier. Tous deux, pour avoir cherché à sauver quelques-uns de leurs frères d'Alsace, n'eurent point l'heur de plaire à l'autorité militaire allemande. En raison de quoi celle-ci les fit arrêter et passer en jugement. Elle condamna le premier à cinq ans de travaux forcés, et le second à la peine de mort. Celui-ci fut fusillé ; celui-là mourut en prison, et circonstance bien émouvante : la femme du juge de paix, devenue folle de douleur, suivit, quelques jours après, son mari dans la tombe. Quant à la femme de l'épicier, à apprendre l'exécution de son mari, elle éprouva un tel frémissement de douleur qu'elle en mourut sur le coup.

* * *

Près de C..., M. B... possédait une ravissante villa où il vivait aussi tranquille qu'on peut l'être dans le temps où nous sommes. Il ne s'occupait guère des Allemands. Aussi espérait-il qu'ils en useraient de même à son égard : en quoi il se trompait fort. En effet, un matin, sans rime ni raison, probablement dans un accès de *Schadenfreude* (joie de faire le mal, de nuire et de détruire), la soldatesque teutonne occupe par force sa villa. Pour lui, il est contraint de la quitter. En homme pacifique qu'il est, il se soumet aux exigences inflexibles des envahisseurs. Dans la soirée du même jour, on lui permit toutefois d'y rentrer, afin de chercher les objets qu'il souhaitait d'emporter. Mais, comme il fait nuit noire, et qu'on ne tolère aucune lumière dans la villa, il a d'autant plus de peine à rassembler tous ces objets qu'on le somme de se presser. Il quitte donc définitivement sa chère maison. Mais à peine en est-il éloigné de quelques centaines de mètres qu'une formidable explosion ébranle l'atmosphère. Les Allemands venaient de faire sauter la villa. Pour tout dédommagement M. B... fut conduit à M... afin d'y être incarcéré. Il passa là deux mois, en compagnie d'une femme et d'un homme assassins. Après quoi, il fut emmené en Allemagne, où il se trouve actuellement dans la cellule d'une prison.

Le général Gaede, qui commande un groupe d'armées en Alsace, est connu pour sa dureté toute teutonne envers les Alsaciens. Un jour, il fait appeler un cycliste pour porter un ordre. On lui objecte que ce cycliste est malade, et par conséquent incapable d'accomplir le moindre service.

— Qu'il vienne quand même ! riposte le général. Puisqu'il est destiné à crever (*sic*), que ce soit un peu plus tôt ou un peu plus tard, cela n'a pas d'importance. L'essentiel, c'est qu'il réponde à l'appel de son chef.

Dans une forêt proche de la petite ville de R..., un enfant de quinze ans, idiot, se trouvait sur le seuil de la ferme de ses parents. Des troupes allemandes viennent à passer. Un sous-officier s'en détache, s'approche de l'enfant et lui demande s'il y a encore des Français dans la ferme. Le pauvre innocent, effrayé à la vue de tant de gens en armes et ne comprenant point ce qu'on lui veut, ne répond rien. Son silence met son interlocuteur dans une telle fureur qu'il le fait arrêter séance tenante et conduire *manu militari* à la prison de R... Quelque temps après, on l'en fit sortir, on l'attacha à un arbre et on le fusilla. L'exécution de cet enfant produisit dans le cœur des habitants une émotion profonde. Ils furent tentés d'y voir comme le martyre d'une créature humaine deux fois innocente : parce qu'elle n'était point coupable et qu'elle n'avait pas toute sa raison. Aussi alla-t-on, dès le lendemain du meurtre, en pèlerinage au pied de cet arbre, pour rendre hommage à la victime de la fureur infernale des Allemands. Mais l'autorité militaire — c'était aisé à prévoir — s'émut à la vue de ces manifestations du sentiment populaire, et afin d'en empêcher le retour, elle fit couper l'arbre et niveler le terrain.

Près du col de B..., cinquante alpins tenaient en échec huit cents Allemands. On juge de la fureur de ceux-ci. Obligés de céder au nombre, nos vaillants diables bleus finissent par se retirer. Mais deux d'entre eux restent sur le terrain. Les ennemis foncent si vite sur eux que l'on n'a pu les dégager et les relever : ils s'en emparent avec une joie diabolique. Car ces deux blessés représentent pour les âmes allemandes, non pas des ennemis à terre et, partant, infiniment respectables, mais des victimes sur lesquelles ils vont enfin pouvoir satisfaire leur haine et leur soif de vengeance. Et le fait est qu'à l'un, qui avait le ventre ouvert, les monstres mirent des braises allumées dans la blessure béante, et que l'autre fut brûlé vif. Ces immondes tortionnaires se vantèrent ensuite de leur cruel exploit, et ne rougirent point de proclamer qu'ils en avaient puisé l'idée dans la contemplation d'un tableau d'église, représentant le martyre de saint Laurent.

A U..., une jeune fille, sortant de l'ambulance qui est installée dans la petite ville comme, du reste, dans toutes les localités voisines du front, s'apprêtait à traverser la rue, lorsqu'elle fut arrêtée par un tombereau chargé de cadavres allemands et français. Cette jeune fille remarqua, avec autant de stupéfaction que d'horreur, que tous les Français avaient, outre leurs blessures, le crâne fracassé.

La même jeune fille vit, un jour, de sa fenêtre, un pauvre soldat français qui n'avait qu'une blessure à la jambe. Il se traînait péniblement dans la rue et paraissait chercher de l'aide. Elle allait courir auprès de lui, quand elle aperçut un soldat bavarois en armes qui s'avançait du côté du blessé. Par prudence, elle s'abstint. Au plus vite, le Français se dirigeait vers l'Allemand. Visiblement, il lui demandait de le secourir : il réclamait à boire. Pour toute réponse, l'Allemand leva la crosse de son fusil en l'air, et brisa le crâne du malheureux qui l'implorait. Il faut dire que tous les blessés d'alentour de U... eurent, dans ce moment-là, le même sort ; au surplus, défense fut faite aux civils et aux religieuses infirmières de s'approcher du champ de bataille.

Que si maintenant le lecteur veut savoir quels sont, parmi les Allemands, ceux qui se montrent le plus terribles dans cette sorte de course à l'horreur ou de concours de cruautés, la même personne qui me narra les faits ci-dessus, les classe de la façon suivante : dans ce palmarès sanglant, elle donne le premier prix aux Bavarois ; le second aux Badois ; les Prussiens, qui ont cependant si mauvaise réputation, ne viennent qu'en troisième lieu. Je suis sûr que l'avis de mon très obligeant conteur est partagé par beaucoup d'Alsaciens. Et voilà, certes, de quoi humilier grandement les dociles sujets des Hohenzollern.

XIII

Une Ame alsacienne [1]

Mon article sur l'« Ame alsacienne » m'a valu de nombreuses lettres, qui m'ont prouvé qu'en le publiant j'avais vraiment fait une œuvre opportune et utile tout ensemble. Mes correspondants alsaciens notamment m'expriment d'une façon touchante leur reconnaissance pour ce qu'ils veulent bien nommer ma « croisade » contre le très regrettable jugement de la dixième-onzième Chambre correctionnelle du tribunal de la Seine, dont ils demeurent encore surpris et douloureusement affectés. Plusieurs, non pas des Alsaciens d'origine, mais que je tiens pour des Alsaciens de cœur, souhaitent que je complète mon dernier article par le récit de certains faits de guerre où l'âme alsacienne, aux prises avec le devoir patriotique, apparaisse dans toute la force de résistance et de vitalité qui est le trait le plus saillant de sa nature.

Il m'est aisé de répondre au désir de mes correspondants, car un de mes bons amis alsaciens — qui vient d'être frappé pour la seconde fois dans ses affections les plus chères — m'a autorisé à publier quelques-unes des lettres écrites à sa famille par son noble et héroïque fils, le dernier, tué au service de la France. Mais mon ami m'a prié de ne point nommer son fils et de le désigner simplement par le petit nom tendrement familier *(Iska)* que son entourage avait coutume de lui donner.

[1] 2 décembre 1915.

XIII — UNE AME ALSACIENNE

Avant de mettre sous les yeux de mes lecteurs les lettres du capitaine X..., je tiens à leur communiquer les deux citations à l'ordre du jour dont il a été honoré. La première, datée du 14 août dernier, est ainsi libellée : « Le capitaine X..., du ...ᵉ d'infanterie, défend depuis sept mois ses positions contre les attaques incessantes de l'ennemi : dans cette lutte, sans trêve ni repos, il a fait montre des plus belles qualités d'endurance et de courage, est animé du plus haut sentiment du devoir, honore l'armée. »

La seconde citation, datée du 19 octobre 1915, est motivée en ces termes : « Le capitaine X..., du ...ᵉ d'infanterie, qui a toujours fait preuve, depuis le début de la campagne, des plus belles qualités militaires, est tombé glorieusement, le 25 septembre, en entraînant sa compagnie à l'assaut des tranchées ennemies. »

Cette dernière citation est l'ultime hommage que la patrie reconnaissante a déposé sur la tombe du vaillant disparu ; elle est aussi comme l'illustration de son suprême sacrifice.

Voici maintenant quelques fragments des lettres du capitaine X.... A les lire, on ne manquera pas d'y trouver les deux qualités qui sont la marque distinctive de l'âme alsacienne : une foi vive et un ardent patriotisme. Je l'ai déjà dit maintes fois et je ne saurais assez le répéter : je ne crois pas que l'on puisse se figurer, en dehors de l'Alsace, à quel degré les sentiments de la foi et du patriotisme sont étroitement mêlés et confondus dans l'âme alsacienne. C'est à un tel point qu'un vrai Alsacien, qui aimerait son pays sans être en même temps un fervent chrétien, ou encore aurait une foi vive et manquerait de patriotisme, serait considéré là-bas comme un être d'exception.

Premier fragment de lettre. — « Nous allons reprendre notre vie dans les tranchées, mais dans une région encore plus tourmentée et plus dangereuse. Ce sera plus dur qu'au bois du C..., dans ces bois de G... qui déjà ont coûté à la patrie la vie de tant de braves enfants. Qu'importe! il ne faut pas se plaindre. Nous venons d'avoir quatre jours de repos. C'est maintenant à notre tour de remplacer les camarades qui peinent, voici dix jours, dans l'eau et la boue. Il faut être courageux et toujours penser que tout ce que nous faisons, c'est pour le pays, c'est pour la chère Alsace, et que, pour cela, l'on ne saurait jamais faire assez. Je serai, du reste, très prudent, tout en accomplissant mon devoir avec une grande joie. J'espère que le bon Dieu continuera à me protéger !... Comme on est fort quand on a la foi ! Et comme aussi il est plus facile alors de remplir son devoir ! »

Deuxième fragment. — « Nous venons de passer des heures terribles : trente-huit heures de bombardement ininterrompu. C'est un enfer! Mais nous avons pu résister à l'attaque furieuse de l'ennemi, qui s'est précipité comme une trombe dans nos tranchées. J'ai admiré la bravoure et le calme tout ensemble de mes hommes. Quelle hécatombe ! J'en ai encore le cauchemar : partout ce ne sont que des murailles humaines de morts et de blessés ! Quelle belle race que la nôtre, et combien ils sont vaillants, tous ces soldats! Ce qui m'a le plus touché au milieu de l'horrible scène que nous venons de vivre, c'est le soin jaloux que nos hommes apportaient à veiller sur moi. Ah ! les braves types ! Ah ! les courageux et dévoués enfants ! »

Troisième fragment (24 septembre matin, veille de la mort du capitaine *Iska*). — « Je ne sais, ma femme chérie, si je pourrai continuer à t'écrire tous les jours. Mais je t'en prie, ne t'affole pas si tu ne reçois rien. Pense que Dieu nous a protégés jusqu'à ce jour, et espérons qu'il continuera à le faire. Et puis, s'il lui plaisait d'en décider autrement, que sa volonté soit faite! Mon âme est en paix avec Dieu, donc je ne crains point la mort. La seule ombre, si je venais à succomber, ce serait de laisser derrière moi une si exquise compagne et deux amours d'enfants. Toutefois ne regardons pas l'ombre, ayons plutôt les yeux fixés sur la lumière. La lumière, c'est le devoir, et ce qu'il y a de plus beau quand on est soldat, c'est de savoir toujours faire son devoir, et surtout de mourir pour sa patrie en défendant le droit et la justice. Si je ne revenais pas de la contre-attaque qui se prépare, sois, comme nous tous ici, un soldat! Nous autres hommes, nous avons à donner sans marchander notre vie; vous autres, pauvres femmes, sacrifiez sans pleurs ce qui vous est le plus cher!

« Je compte donc sur toi, ma chère femme; je te permets seulement une petite larme, et vite les sourires de nos chères petites filles viendront la sécher; car tu te dois à elles. Montre-leur souvent mon portrait, et dis-leur que leur papa a fait son devoir, tout son devoir. Et si, plus tard, vous revenez en Alsace, donnez un souvenir à l'absent, et rappelez-vous qu'il a contribué, comme tant d'autres, à rendre à la chère grande patrie notre bien-aimé pays alsacien! »

Quatrième et dernier fragment (24 septembre, 11 heures du soir). — « C'est décidément pour demain le branle-bas! Confiance! courage! Je t'envoie ma citation à l'ordre du jour que je viens de recevoir. Plus tard, et quand nos fillettes seront grandes, tu la leur montreras. Si demain je restais sur le carreau, souviens-toi bien que, malgré toutes les souffrances endurées depuis quatorze mois, rien ne m'a empêché de faire mon devoir de Français et que je le ferai jusqu'au bout ! Ma dernière pensée, après Dieu, sera pour toi, qui m'as donné le bonheur sur terre. Mais ne sois pas jalouse, l'avant-dernière sera pour l'Alsace ! »

Le lendemain, à 9 heures du matin, le capitaine X... tombait face à l'ennemi. Sa vie avait été celle d'un homme simple et bon, sa mort fut celle d'un héros et d'un chrétien. Devant sa tombe à peine fermée, je m'incline avec respect et émotion, et en me redressant, je cherche au ciel son âme envolée : c'était une âme alsacienne !

XIV

La Montée douloureuse [1]

Si je possédais le crayon de Hansi ou celui de Zislin, ou encore le pinceau de M. Petit-Gérard, je m'essaierais à figurer la vie de l'Alsace-Lorraine, durant ces quarante-cinq dernières années. A cet effet, je tenterais la composition suivante :

Sous la forme d'un triptyque, je montrerais, dans un premier tableau, l'Alsace-Lorraine précipitée par le traité de Francfort dans un abîme, où l'attend un maître ivre d'orgueil qui, non content de la tenir asservie sous ses lois, l'enserre de ses terribles griffes et étouffe en elle toute liberté et toute indépendance. Mon second tableau représenterait l'Alsace-Lorraine alourdie par les chaînes, frémissante sous la botte du conquérant, éperonnée, talonnée et tâchant, dans cette effroyable situation, à remonter la pente affreusement pénible qu'elle a descendue, malgré elle, sous l'empire de circonstances fatales. Mon troisième et dernier dessin ferait apparaître l'Alsace-Lorraine parvenue presque au terme de la montée douloureuse, en dépit des ronces et des épines du chemin, en dépit de tous les durs et injustes traitements qu'elle a eu à subir.

Au point où elle est arrivée : meurtrie, ensanglantée, les vêtements en lambeaux, la coiffe déchirée et toujours dans les chaînes, elle voit enfin, dans une lueur d'apothéose, la France s'approchant toujours davan-

[1] 19 décembre 1915.

tage. Elle lui tend les bras en pleurant des larmes de sang, et la France lui ouvre les siens en versant, elle, des larmes d'amour. Des bras de la France, de valeureux fils s'élancent, débordants d'enthousiasme, dans la mêlée. Ils tombent nombreux, ces fils de France, le long de la voie douloureuse qu'ils ont descendue rapidement pour voler au secours de la sœur cruellement torturée.

Et, tandis qu'ils tombent, celle-ci sent toutes ses blessures s'élargir et sa misère s'augmenter. Car, d'en bas, le maître cruel et barbare tire plus fort que jamais sur les chaînes maudites. Ceux d'entre les fils de France que n'ont point atteints les balles ennemies, crient à l'Alsace-Lorraine : Mais viens donc ! viens vite ! L'Alsace-Lorraine, écrasée, pantelante sous le fer et le feu, trouve dans son ardent amour pour la France (qui a été pour elle le principe de joies profondes et la cause involontaire d'odieuses persécutions) la force de répondre dans sa langue, à elle : *Yo, Yo*, je viens ! Mais les fils de France semblent mécontents et consternés à la fois : ils se regardent les uns les autres en murmurant, chacun à part soi, ces mots : elle n'a pas l'air d'accourir, et puis elle n'a pas su dire *oui* en français.

Voilà, en vérité, le triptyque que je m'efforcerais de faire, si je savais manier le crayon ou le pinceau. Car c'est là, à mon avis, l'un des aspects sous lequel apparaîtraient le plus clairement du monde les causes des heurts, qui sont en train de se produire entre sauveurs et sauvés, au cours de la dernière montée douloureuse de l'Alsace-Lorraine à la France.

En parlant de ces heurts, inexplicables en ce qui concerne la France, l'éminent Directeur de *L'Alsacien-Lorrain de Paris* adressait, dans ses derniers *Propos*, à nos compatriotes cette énergique parole : « Défendons-nous ! » J'ai l'idée que je compléterai sa pensée en disant aux Français et aux Alsaciens-Lorrains, tout ensemble : Comprenons-nous ! Et, tout en reconnaissant avec M. Florent-Matter que « les Alsaciens-Lorrains sont, depuis quarante-quatre ans, les victimes de la colère ou de la mauvaise humeur de l'Allemagne et de la France », il n'est pas sans utilité, à mon sens, de chercher ailleurs encore la raison de cet état de victime, où est l'Alsace-Lorraine, prise sans cesse entre l'enclume et le marteau. Je la vois, cette raison, dans un méchant tour de la destinée, qui a voulu que de vrais Français de cœur portassent des noms aux consonnances allemandes et parlassent un dialecte germanique. Outre que cette langue alsacienne n'est point comprise par les Allemands, et qu'elle leur est même antipathique, beaucoup de Français la confondent à tort avec l'allemand. M. Frantz Funck-Brentano, dans la *Revue Hebdomadaire*, nous montre qu'elle n'est pas l'allemand. « Ce n'est pas une déformation de l'allemand, ce n'est pas du bas allemand, comme nos voisins d'outre-Rhin s'efforcent de le faire croire. » Encore qu'elle soit un dialecte germanique, elle est issue d'une langue mère, de même que le français, l'espagnol, l'italien, le provençal, le portugais et le roumain. Donc, « réclamer la domination de l'Alsace, sous prétexte que les populations y parlent allemand, est, de la part de nos voisins, une prétention aussi justifiée que si la France réclamait la domination de l'Espagne, de l'Italie et de la Roumanie, sous prétexte que, dans ces contrées, on parlerait français. L'Allemagne n'a pas plus de titres à la domination de l'Alsace, du fait de la langue, qu'elle n'en a à celle de la Hollande, du Danemark, de la Suède et de la Norvège ». « Nos philologues, dit M. Flach, craignaient que la langue alsacienne ne fût contaminée ou absorbée par l'Allemand immigré. Elle lui a tenu tête victorieusement, au point de devenir une sorte de citadelle d'où l'Alsacien a pu narguer ses envahisseurs, en y abritant la tradition française. »

Toujours est-il que la tragique destinée de l'Alsace-Lorraine tient en grande partie — pour ne pas dire tout entière — dans cette opposition fâcheuse de son moi intime et de son moi extérieur, ou, si l'on aime mieux, de son caractère et de son habit. L'Allemagne, qui ne se pique point de psychologie, mais seulement d'hégémonie, n'ayant vu de l'Alsace-Lorraine que l'habit, s'est précipitée sur elle comme sur un bien à soi, indûment détenu par une puissance rivale : elle l'a agrippée, ligottée, enfermée, cadenassée, avec l'espoir de la garder à jamais. La France ne poursuivant, elle, nul rêve d'hégémonie, et persuadée, en bonne psychologue, que les liens du cœur sont plus forts que les chaînes pour unir les destinées, n'a retenu de l'Alsace-Lorraine que son caractère, si bien qu'elle ne s'est pas tenue de dire, toujours et en toute vérité de la fille chérie arrachée à sa tendresse : Elle est à moi.

Aujourd'hui, la France revendique, plus fortement que jamais, l'Alsace-Lorraine pour sa fille, cependant que l'Alsace-Lorraine cherche la France comme l'on cherche une mère tendrement aimée. Mais il est fâcheux que ni l'une ni l'autre ne se soient rendu compte de ce qu'un régime de chaînes, de verrous, de cadenas, pour tout dire, de persécutions de toutes sortes, avait fait des deux chères provinces perdues et à la veille d'être définitivement délivrées.

Au fond, la France s'attendait à retrouver une Alsace-Lorraine moins douloureuse et moins oppressée, et l'Alsace-Lorraine ne se doutait pas elle-même, à ce que je crois sincèrement, de l'emprise funeste et détestée que lui laissaient quarante-quatre années de servitude et de tyrannie. En d'autres termes, j'imagine que la France aurait souhaité un élan plus général et plus passionné encore de la part de l'Alsace-Lorraine, et que celle-ci aurait désiré trouver la France, ou plutôt les Français, plus éclairés sur la situation à la fois difficile et périlleuse où elle se débat. Et, pour ma part, je crains fort que cette déception latente, que trahit en ce moment l'atmosphère dont sont enveloppés en France les Alsaciens-Lorrains, n'aille s'aggravant dans l'avenir, si personne ne s'avise de s'interposer entre des gens qui, à n'en point douter, s'aiment beaucoup, sans pouvoir arriver à se bien comprendre, séparés qu'ils sont par quarante-quatre années d'intensive *Kultur*.

Voilà la vérité, elle n'est pas ailleurs. Il est seulement regrettable que l'opinion n'en soit pas suffisamment pénétrée. C'est pourquoi je le répète : Comprenons-nous ! Ce n'est pas chose aussi difficile que d'aucuns le croient.

XV

Un Enterrement de poilus à B... [1]

Ils sont là six poilus qui dorment, côte à côte, leur dernier sommeil. Sur leurs cercueils, alignés en bel ordre, est placé le drapeau tricolore, en attendant que la terre les recouvre à jamais. Les six braves vont avoir l'enterrement des chrétiens. Quatre appartenaient au culte catholique, deux au culte protestant.

Autour de ces cercueils, l'on s'agite peu à peu. Un à un, les habitants de B... viennent se ranger autour d'eux ; les enfants des écoles sont massés non loin. Toutes les grandes personnes arrivent en tenue de deuil : les hommes portent le brassard au bras, les femmes sont voilées de noir. A les voir tous ainsi sous la livrée de la douleur et s'apprêtant à faire cortège aux valeureux poilus tombés sur la terre d'Alsace pour la rédemption de la chère province, on eût dit que l'Alsace elle-même participait aux obsèques de ceux qui avaient si généreusement sacrifié leur vie au service de la France, au sien propre.

Alentour des Alsaciens se forment d'autres groupes aux uniformes bariolés. Le général de division, le général de brigade, les officiers et les soldats du ...⁰ territorial de B... sont tous là. Ah ! les poilus seront bien accompagnés dans leur dernier voyage à la tranchée suprême qui les doit conserver ! Chaque cercueil est gardé par un piquet en armes — la garde

[1] 3 janvier 1916.

d'honneur ! — qui ne le quittera que lorsque la dernière pelletée de terre sera tombée sur lui.

Le spectacle est d'une inoubliable grandeur. Car à ce décor d'une paix grave et profonde se mêle le bruit du canon, tonnant à quelques kilomètres de là. Et il semble bien que toute cette paix et tout ce bruit soient, en définitive, le suprême hommage de la vie à ceux qui dorment à présent, après avoir héroïquement combattu.

O morts valeureux, dormez en paix !

Les deux aumôniers militaires — l'aumônier catholique et l'aumônier protestant — se tiennent devant les cercueils. Comme les morts appartiennent à des cultes différents, le général de brigade propose à l'aumônier protestant de faire une seconde levée de corps après la levée catholique, celui-ci répond :

— Qu'allez-vous faire à l'église catholique, mon général ? Prier pour les soldats. Eh bien ! j'y veux aller avec vous. Pas de levée de corps séparée pour nos frères protestants. En face de la mort et si près du champ de bataille, sachons tous avoir une même foi et une même espérance en Jésus-Christ !

Donc, il n'y eut pas de levée de corps protestante. Ce fut l'aumônier catholique qui présida la cérémonie de la levée des corps et celle des obsèques tout ensemble ; ce fut lui aussi qui récita les dernières prières de l'Église (le *Dies iræ* et le *Libera*) sur leurs cercueils ; ce fut sa main enfin qui s'étendit la première sur la fosse, destinée à abriter la poussière mortelle des vaillants poilus, tandis que son regard ému cherchait leurs âmes au ciel.

A la fin de la cérémonie catholique, l'aumônier protestant s'avança et, à son tour, bénit les corps. Il fit, en outre, un discours à la fois patriotique et religieux qui fit une grande impression sur tous les assistants.

O femmes de France, qui pleurez des êtres chers, tués en Alsace, rassurez-vous ! Leur dépouille mortelle est honorée sur la terre alsacienne comme elle le serait en France ; et, sur les tombes de nos héros, de pieuses mains ont coutume de déposer des fleurs : ce sont les fleurs du souvenir et les fleurs de l'espérance !

XVI

Distribution solennelle des prix à D...

Le rôle de chroniqueur n'est pas toujours facile. Il est des choses dont on ne peut, d'un trait de plume, reproduire le charme et la grâce. Elle eut lieu, cette distribution de prix, dans une grande salle, merveilleusement décorée de drapeaux et de trophées militaires. La cérémonie a eu un éclat et un élan incomparables. Depuis 1870, les habitants de D... n'avaient plus été témoins d'un pareil spectacle. Aussi tout le monde était-il dans le ravissement.

La fête fut présidée par le général de division, assisté de son état-major et des officiers de l'administration de l'Alsace, à la tête desquels l'on remarquait M. le capitaine Atthalin, administrateur du territoire reconquis. M. le curé de D... était à la droite du général, M. le maire, à sa gauche. Le conseil municipal tout entier, groupé autour de son chef, se tenait là, encadré des vétérans de 1870, parés de leur médaille commémorative. Tous les habitants de D..., en grande toilette, faisaient cortège à leur conseil municipal et à leurs glorieux vétérans. Parmi ces derniers, un engagé volontaire, à dix-sept ans, comme chasseur à pied, en 1870, attirait particulièrement les regards. C'était à qui s'empresserait de lui donner des poignées de mains sympathiques et enthousiastes. Derrière les autorités militaires et civiles, l'on voyait, d'un côté, les petits garçons, accompagnés de trois instituteurs (des soldats mobilisés chargés de l'école communale); de l'autre, les jeunes filles de l'école tenue par les bonnes Sœurs de R..., celles-là en costume alsacien. Ces costumes pittoresques, mêlés aux uniformes militaires et aux coiffes des religieuses, offraient un tableau magnifique, digne d'inspirer un grand peintre. Les uns et les autres fraternisaient dans la plus touchante union patriotique. Dans les yeux des enfants brillait une lueur inaccoutumée.

Un tonnerre d'applaudissements et d'acclamations saluait nos brillants officiers et nos vaillants soldats à leur entrée dans la salle. On criait avec délire : « Vive l'armée ! Vive la France ! » Et l'on pleurait, et l'on riait, et l'on frémissait de joie. Je me suis laissé dire que nos braves vétérans de 1870 n'étaient pas les moins enthousiastes à payer leur écot à ce patriotique attendrissement. Ils le payaient, eux aussi, sous la forme d'une légère brume qui voilait leurs yeux, ces yeux qui avaient vu l'année terrible, et qui exaltaient la Revanche !...

La fête commença par le chant de la *Marseillaise*, exécutée par les élèves de l'école communale. Le général fit ensuite un discours vibrant qui souleva l'enthousiasme de toute la salle. On l'applaudit frénétiquement, lorsqu'il dit que l'armée française était venue abattre les aigles prussiennes, qui se flattaient d'enserrer le coq gaulois et de l'étouffer. Cet enthousiasme de l'assistance ne diminua point, au contraire, quand, après l'allocution du général, les enfants dirent les vers de Victor Hugo :

Ceux qui pieusement sont morts pour la patrie.

Un petit garçon récitait les strophes, tous les autres enfants reprenaient en chœur :

Gloire à notre France éternelle !

XVI — DISTRIBUTION SOLENNELLE DES PRIX A D...

Ce fut vraiment magnifique.

D'autres vers, non moins touchants, ceux d'Erckmann-Chatrian :

Dis-moi quel est ton pays,

furent débités par les enfants...

Le palmarès, contenant tous les noms des écoliers sans exception (tous s'étaient montrés dignes d'être récompensés), fut lu alternativement par le curé et par le maire. Les prix, de fort beaux volumes, envoyés de France, étaient remis aux jeunes lauréats par les officiers qui les embrassaient en les couronnant. Les parents ne furent point oubliés dans cette première et solennelle distribution, attendu que chaque famille reçut, à la fin de la cérémonie, un superbe album de la ville de Paris.

Le chant de la *Marseillaise*, qui avait ouvert la solennité, la clôtura. Mais, cette fois, ce furent les jeunes filles de l'école des Sœurs qui la chantaient sans le moindre accent, à ce que l'on dit. Ou plutôt si, je me trompe, chacun remarqua qu'elles avaient, comme précédemment leurs camarades, les jeunes garçons, le plus pur et le meilleur accent, celui qui vient du cœur et qui se nomme, pour tous nos Alsaciens : l'accent français !

Une photographie, tirée le même jour et représentant toute l'assistance devant la porte de la grande salle où avait eu lieu la distribution des prix, conservera dans toutes les familles de D... le souvenir de la mémorable fête française.

XVII

La Revue du 14 Juillet 1915

Nous sommes à R..., à 2 kilomètres de D..., sur la route de B..., dans le village redevenu français dès les premiers jours de la grande guerre, et où, grâce à Dieu, les Allemands n'ont plus jamais reparu. La date du 14 juillet 1915 est pour cette localité un jour particulièrement heureux et solennel. C'est la première fête nationale célébrée en Alsace depuis 1870 ! Aussi sauveurs et sauvés, je veux dire soldats français et Alsaciens rendus à la France, tiennent-ils à donner à cette fête une pompe inaccoutumée, et pour être toute rustique, elle n'en est que plus belle et plus touchante.

Tous les gens du pays, sans que personne leur en eût témoigné le désir, se sont concertés pour orner leurs maisons et leurs rues. On est allé à B... acheter des drapeaux français ; on a confectionné force guirlandes de verdure et de fleurs ; bref, on a tout fait afin que cette première fête nationale eût, aux yeux de tous, un caractère de *résurrection*, presque d'apothéose.

Et en effet, dès l'aube du jour, c'était à qui, à R..., montrerait le plus de diligence et d'enthousiasme pour décorer sa maison et pour se parer de ses plus beaux habits. Car la décoration des maisons ne formait en quelque sorte que le cadre de la fête, au milieu duquel tout R... allait s'ébattre et se réjouir.

Dans la matinée, il devait y avoir à la fois une revue

et une grand'messe. La revue, c'était le salut de l'Alsace à la chère France ; la messe, c'était son hymne d'actions de grâces au Dieu fort, puissant et juste qui avait permis que R... revînt à la mère Patrie.

Et comme si le soleil eût voulu payer son écot à la fête, il se mit, lui aussi, en frais de toilette et apparut en vêtements de dimanche. De telle sorte que rien ne manquait à la splendeur des apprêts, lorsque sonna l'heure de la revue militaire. Elle eut lieu, cette revue, sur la grande place de l'église, l'endroit le plus vaste du pays. Les enfants des écoles et tous les habitants y assistaient. Les pompiers, les glorieux pompiers de R..., revêtus pour la première fois de l'uniforme français depuis l'année terrible, paradaient, non sans fierté, conduits par un sergent, à la droite du général. Et tout à coup, la *Marseillaise* éclata, jouée par la musique du régiment. Ce fut dans toute l'assistance un long frémissement de joie.

Allons, enfants de la Patrie,
Le jour de gloire est arrivé !

Ah ! oui, il leur semblait bien, à tous ces braves gens, que ce jour de gloire était venu en effet. La gloire ! Mais c'est elle qui marchait avec le général sur le front des troupes. La gloire ! Mais c'est elle encore qui présentait les armes de nos valeureux soldats au chef qui les passait en revue. La gloire ! Mais c'est elle toujours qui brillait dans les yeux et des magnifiques pompiers, redevenus français d'habits, comme ils l'étaient de cœur auparavant, et des habitants du pays en vêtements de fête, et des enfants vibrants d'enthousiasme.

C'est le cœur encore tout ému de tant de chaleureux sentiments, qu'après la revue militaires et civils se rendirent à l'église pour assister à la grand'messe, la plus belle, assure-t-on, que l'on ait jamais vue à R... Ce fut le curé qui la chanta : elle fut servie par des poilus ; tous les aumôniers divisionnaires et les brancardiers s'y trouvaient au premier rang. Je n'ai point de détails sur le genre de musique exécutée pendant la cérémonie, mais l'on m'a dit que le *Gloria* et le *Credo* y avaient été merveilleusement interprétés. De mémoire d'homme, paraît-il, l'on n'avait entendu pareille expression de reconnaissance et d'amour pour chanter la gloire de Dieu et lui exprimer sa foi. Tout R..., débarrassé du joug allemand, chantait à plein cœur sa délivrance, et nos poilus célébraient leurs victoires.

Voilà de quelle manière les Alsaciens de R... manifestent les sentiments qu'ils nourrissent à l'égard de la France. Tout leur est fête. Quant aux enfants, ils sont éperdus d'allégresse et d'admiration à la vue de nos vaillantes troupes. A en croire l'ami qui m'a fait ce récit, toutes les fois qu'ils rencontrent un officier français, ils le saluent militairement et entonnent :

Allons, enfants de la Patrie,
Le jour de gloire est arrivé !

Que l'on dise, après tout cela, que l'Alsace n'est pas française de cœur !

XVIII

Nos Poilus instituteurs [1]

Il nous est arrivé, plus d'une fois, de nous transporter par la pensée dans la partie reconquise de l'Alsace. A coup sûr, nos vaillants y sont plus heureux que la plupart de leurs camarades, qui se battent dans les plaines boueuses de l'Yser et de la Champagne, car ils y respirent déjà l'atmosphère enivrante de la victoire. Nous lisons toujours avec un intérêt passionné le récit des prouesses accomplies par eux dans la vallée des Vosges, et nous ne formons pas d'autre vœu que celui de voir poursuivre, avec le moins de pertes possible pour nos braves, le cours de leurs brillants exploits. Mais, donnons-nous une pensée — la pensée reconnaissante et émue qu'ils méritent — à ceux d'entre nos poilus qui, sur l'ordre de leurs chefs, ont délaissé momentanément le fusil pour l'école, et s'appliquent de tout leur pouvoir à réaliser la conquête pacifique de l'Alsace? Je crains bien que non.

Pourtant nos soldats-instituteurs (presque tous Alsaciens d'origine) ont droit à la fois à notre admiration et à notre gratitude. Soldats avant tout, ils ont toujours à côté d'eux leur sac monté, leur revolver et leur flingot accompagné de douze paquets de cartouches. Car leur service d'instituteurs, tout paisible qu'il nous apparaisse à distance, est loin d'être sans

[1] 30 janvier 1916.

péril. Non seulement les exigences de ce service entraînent souvent nos poilus dans les zones battues et rebattues par les canons ennemis, mais les salles où ils ont coutume de faire la classe ne sont point, il s'en faut, à l'abri des mauvais coups d'Allemands. A dire vrai, il n'y pleut ni obus, ni marmites, mais souvent ces projectiles ne tombent pas loin des lieux où sont assemblés les enfants de l'école.

Inutile de déclarer que nos instituteurs-soldats donnent à leurs élèves — de beaux gars alsaciens — l'exemple du courage tranquille, non moins que de la plus parfaite endurance. Les enfants, il faut le reconnaître, les imitent à merveille. Sans compter que la discipline ambiante exerce la plus heureuse influence sur nos petits Alsaciens. Tous portent fièrement le calot et saluent militairement, « mieux que maint pitou », à ce que m'a dit hier un excellent ami qui a passé plusieurs semaines dans le pays alsacien reconquis. Leur plaisir est la lutte ; leur distraction, les batailles d'aéroplane, au-dessus de leurs têtes. Ils distinguent parfaitement le bruit d'une marmite de celui d'un obus de 75. Et quand d'aventure l'un ou l'autre de ces engins tombe soudainement tout près d'eux, les enfants discutent sérieusement là-dessus, sans songer le moins du monde à se mettre à l'abri. A un « civil », qui visitait un jour l'une de ces écoles au moment même d'un bombardement, l'un de nos jeunes Alsaciens tenait le langage suivant :

— N'ayez pas peur ! Ça n'éclate pas !

Et à voir le mouvement d'incrédulité du « civil », il ajoutait avec fierté :

— Ah ! ce n'est pas comme les obus français, allez !

C'est au surplus la voix du canon qui domine maintes fois la voix du maître à l'heure de la classe. De temps à autre, les portes s'ouvrent sous la vibration formidable du canon. Loin de s'en effrayer, les enfants gardent le plus grand calme et se contentent de dire :

— Ce sont les Boches qui voudraient pénétrer dans l'école, mais nous sommes sûrs qu'ils n'y rentreront plus jamais.

Bien mieux, ce bruit effroyable, au lieu de distraire l'attention des élèves, ne fait que l'accentuer et donne un piquant saisissant à la leçon, lorsque, par exemple, les enfants récitent ces vers d'Erckmann-Chatrian :

— Dis-moi quel est ton pays :
Est-ce la France ou l'Allemagne ?

Sous les coups de l'ennemi, les chers petits, si on les laissait parler, répondraient d'une seule voix comme d'un seul cœur :

— Notre pays, c'est la France !

Et puis, leur réponse serait faite en français. Car ils parlent déjà couramment la langue de la mère-patrie, nos enfants alsaciens, et ils la comprennent mieux encore. C'est au point que beaucoup d'instituteurs n'emploient plus l'allemand dans leur classe, et que toutes les leçons y sont données en français. La plupart de leurs élèves ont une intelligence très vive, et partant font de rapides progrès dans la connaissance de notre belle langue. Dans la commune de T..., le plus grand nombre des élèves seront prochainement en état de subir avec succès les épreuves du certificat d'études. A ce merveilleux résultat l'on peut juger de l'ardeur de nos soldats-instituteurs et de la peine qu'ils se donnent.

Officiellement, nos instituteurs entretiennent les meilleures relations avec le clergé, et de cela il faut les féliciter hautement ; car j'ose affirmer que la reconquête de l'Alsace serait impossible s'il en était autrement. Dans ma chère petite patrie, l'on ne comprend pas, et l'on ne comprendra jamais, cette effroyable création moderne, c'est-à-dire l'école sans Dieu. Aussi, pour respecter les traditions les plus sacrées, l'école alsacienne, redevenue française, demeure-t-elle l'école chrétienne. Rien n'est changé à cet égard. Le crucifix y occupe la place qu'il y occupait avant la guerre. On commence et on termine la classe par la prière. Le curé a le droit de faire deux heures de catéchisme par semaine à l'école. L'instituteur, lui, est chargé du cours de morale, lequel est fait dans un sens respectueux de toutes les croyances religieuses. Si le brave poilu-instituteur ne peut pas conduire les enfants à l'église, du moins a-t-il toute liberté d'y aller pour son compte personnel. Pratiquement, toute initiative louable lui est laissée pour diriger son école, que visitent régulièrement le curé, le maire, l'inspecteur, l'administrateur et le général de division.

Au surplus, le rôle de nos instituteurs ne s'arrête pas aux murs de l'école. Ils sont de modestes héros auxquels incombent maints travaux importants et maintes tâches délicates. C'est ainsi qu'ils sont chargés de délivrer les sauf-conduits pour les habitants du pays, conformément aux prescriptions du code militaire sur le front. Ils s'occupent également du cantonnement, du greffe de la mairie. De la sorte, ils se trouvent en rapports continuels avec toute la population civile et militaire de la région. C'est, dans ces rapports entre conquérants et reconquis, que s'affirme le plus nettement la valeur de leur rôle d'intermédiaires affectueux, discrets autant que zélés. En un mot, l'instituteur-soldat est en Alsace le vrai trait d'union exigé par les circonstances.

Je ne veux pour preuve de ce rôle à la fois utile et beau, — dont peu de personnes se doutent à l'arrière, — que l'extrait d'une lettre de l'un de nos poilus-instituteurs. Cet extrait se passe de commentaire. Le voici :

« Ces populations nouvellement conquises, bien qu'elles soient toutes françaises de cœur, se ressentent encore beaucoup — et on le comprend — de l'influence allemande. Il faut opérer sur elles à la façon d'un bon médecin à l'égard d'un convalescent : ne rien brusquer, mais ne rien céder au point de vue du régime, et se rappeler que le régime précédent était dur, très dur. Cette population est mêlée, depuis un an, à nos soldats, qui, tous, je suis heureux de le déclarer, sont fort courageux et animés d'un moral exceptionnel. Mais ces Français du Midi et du Nord n'ont jamais subi l'emprise allemande et sont peu habitués au patois alsacien. Ils se montrent parfois un peu exclusifs, mais ils sont excusables, car il leur arrive d'être de temps en temps énervés par cette rude vie des tranchées. Et alors, que de heurts à éviter de part et d'autre, que de diplomatie à employer pour les faire se comprendre les uns les autres, non seulement par la langue, mais par la pensée et le sentiment, pour les empêcher de se regarder comme étrangers ! »

Et mon correspondant ajoute :

« Heureusement qu'en haut lieu nous avons des administrateurs infiniment habiles et d'un tact consommé ! »

En appliquant cette phrase élogieuse à nos braves poilus-instituteurs, tous les Français ne feront que remplir un devoir de justice et de reconnaissance.

XIX

Prologue d'une conférence [1]

Je me suis demandé, tout d'abord, ce qui m'avait valu l'honneur d'être invité à présider cette réunion, et j'ai bien vite compris que ce n'est pas à ma personne que s'adressait cet honneur, mais plutôt à l'œuvre à la fois chrétienne et sociale, dont je me trouve être aujourd'hui l'avocat : sans compter que je ne sais et que je n'ai jamais su résister à une prière qui m'est faite par un grand et noble cœur. Et puis j'ai l'idée que c'est moins encore à l'archevêque qu'à l'Alsacien patriote qu'une pensée délicate a bien voulu confier la très douce tâche de vous présenter aujourd'hui mon cher et illustre compatriote : celui que la France entière a acclamé et acclame encore comme le champion le plus ardent, le plus courageux et le plus tenace du droit primordial et sacré chez près d'un million d'Alsaciens : du droit qu'ont tous les hommes, groupés en cités ou en provinces, de disposer d'eux-mêmes, d'élire leur patrie, d'appartenir à la communauté qui leur plaît. Mais ce droit, l'Allemagne n'a jamais voulu le reconnaître aux Alsaciens-Lorrains, voilà pourquoi, tout en subissant le traité de Francfort, ils ne s'y sont point résignés ; et c'est par là qu'ils se sont montrés grands. Tout le monde convient, à l'heure qu'il est, que le principal obstacle à la pacification de l'Europe et à l'incalcu-

[1] Le 3 février 1916, dans la salle Gaveau.

lable bienfait du désarmement et de la paix, c'était la question de l'Alsace-Lorraine, et que c'était, si je puis dire, l'écharde envenimée qui entretenait, depuis quarante-cinq ans, le malaise et la fièvre dans tout le corps européen.

Il n'est point exagéré d'affirmer que personne n'a défendu, avec plus de talent et de vigueur, que M. l'abbé Wetterlé la cause des Alsaciens, j'entends la traditionnelle cause française. Mieux que tout autre, il savait que les Alsaciens, en dépit de l'ivresse même de leur injuste conquérant et de sa cruelle tyrannie, portaient en eux l'image de la bien-aimée France, que cette image était inséparablement liée à leur esprit et à leur cœur, que l'idée qu'elle eût pu être lacérée leur était insupportable, et qu'ils ne pouvaient se consoler de sa déchirure. Et, si l'Alsace est demeurée française d'esprit et de cœur, si, après un demi-siècle d'intense et épaisse *Kultur*, la culture — cette chose si charmante et si exquise chez nous — n'a point disparu de ma chère petite patrie, si, enfin, après une longue période d'agonie, le jour de la résurrection lui apparaît comme dans une lueur d'apothéose, ce m'est devoir et plaisir de proclamer bien haut qu'elle le doit en très grande partie à M. l'abbé Wetterlé.

A le voir présentement dans toute l'aurore de sa jeune gloire, vous serez peut-être tentés de vous dire : c'est un homme heureux. Mais il ne faut pas perdre de vue que cet heureux d'aujourd'hui est un persécuté d'hier. Et, à ce propos, qu'il me soit permis d'évoquer devant vous un souvenir personnel. J'ai encore présente à la mémoire la visite que j'ai eu, voici quelques années, la consolation de lui faire dans une étroite cellule de la prison de Colmar. La captivité ne lui fut pas amère, au contraire. Il se glorifiait même de souffrir persécution pour le droit et la justice. Bien mieux : quand le gouvernement voulut lui faire grâce du reste de sa peine, il refusa net cette faveur.

Pour rien au monde, il n'aurait consenti à une mesure qui eût indiqué de sa part la reconnaissance d'un droit usurpé. Dans sa noire prison, M. l'abbé Wetterlé acheva d'expier le crime impardonnable aux yeux des Germains de ne plier point, lui, le journaliste à l'âme ardente et au cœur fort, devant le *Deutschland über alles* et de représenter une conscience — la conscience française — en face des ambitions impudentes, des criantes injustices et des brutalités révoltantes du pangermanisme.

C'est à cette conscience française, qu'il a portée si haute et si pure dans son incessant labeur, et plus encore, dans son oubli de soi, que vous devez d'entendre aujourd'hui M. l'abbé Wetterlé.

Pour occupé qu'il soit, ce grand patriote, dont la vie tout entière se dépense à rendre une fille à sa mère, n'a pas voulu se refuser à plaider indirectement devant vous la cause non moins touchante d'autres orphelines, parmi lesquelles se comptent des orphelines de la guerre. Cependant qu'il fera passer tout à l'heure sous vos yeux le tableau des souffrances, endurées par une orpheline longtemps séparée de sa mère, cependant qu'il vous dépeindra maints et maints vices à peine croyables de ses bourreaux, l'ancien député du *Reichstag* n'aura pas de peine — je vous dirai comment dans un instant — à exciter votre charité et votre compassion à l'égard des orphelines de la Villette. Il vous parlera sans doute des Allemands sur le ton tour à tour humoristique et tragique qui convient à son sujet ; il vous contera, avec sa verve étincelante, la férocité et le lourd matérialisme de nos ennemis ; et, à l'entendre évoquer devant vous un si douloureux passé, vous ne pourrez manquer de bondir d'indignation et de stupeur. Mais, à travers le voile des mots, vous verrez à coup sûr apparaître, non sans frémissement, d'autres scènes douloureuses et d'autres misères, créées par l'effroyable catastrophe que deux souverains, affolés d'orgueil et de convoitise, ont si bassement et si traîtreusement déchaînée sur nous. A la série vraiment atroce de leurs atrocités sans nom et sans nombre, qui ont soulevé le dégoût et la révolte du monde entier et qui demandent vengeance au ciel, les Allemands ont ajouté d'autres crimes, sinon prémédités, du moins prévus, qui ne sont que la conséquence inévitable de leur crime initial et irrémissible, c'est-à-dire de la déclaration de la guerre. Cette guerre monstrueuse, en effet, n'a pas seulement détruit à jamais des milliers et des milliers de jeunes vies françaises, elle a encore jeté dans l'abandon et la misère un nombre considérable de jeunes enfants, en leur enlevant prématurément leur famille, si bien que la plupart des orphelins d'aujourd'hui peuvent être appelés les orphelins de la guerre.

La guerre sociale — ce que l'on nommait, voilà dix-huit mois, le *struggle for life* (la lutte pour la vie) — a certainement fait, proportion gardée, de nombreuses victimes, tout comme l'horrible conflagration que nous subissons de par la volonté d'un impérial et infernal bandit. Et le malheur est que le nombre des orphelins tend à s'accroître d'une façon désastreuse. Sans compter les jeunes enfants qui ont perdu et perdent encore leurs pères durant la grande guerre, de pauvres petites filles verront succomber leurs parents dans les impitoyables et prétendues pacifiques batailles de la vie.

La vie ? Mesdames et Messieurs. Mais, au sortir des jours tragiques que nous vivons, depuis dix-huit mois, elle sera difficile pour tous, il ne faut pas se le dissimuler. Pour ma part, j'ai la conviction, j'ose dire la certitude, que la France remportera la victoire la plus complète sur ses ennemis, et qu'il nous sera donné d'assister, plus tôt qu'on ne le croit, à leur terrible châtiment, et cela, grâce à la vaillance incomparable de son armée, grâce au talent de ses chefs magnifiques, et grâce aussi à la protection du vrai Dieu, qui est visiblement sur elle.

Mais force nous est de l'avouer, cette guerre, que l'on a si bien nommée une guerre d'usure, n'usera pas seulement la fleur la plus charmante et le fruit le plus savoureux de notre vie nationale et le bataillon sacré de nos braves, auxquels l'amour de la patrie a communiqué comme un second printemps, mais encore une grande partie de notre richesse nationale. Avec le sang qui coule à flots en Occident et en Orient, c'est aussi l'or du pays qui s'en va, et tout cela est singulièrement grave. Car nous savons tous que, pour conserver une grande nation, il faut du sang et de l'or.

Donc, elle est tout indiquée, la tâche qui nous incombe, à nous qui ne combattons pas et n'avons point l'honneur d'immoler notre vie sur les champs de bataille, et qui avons cependant le devoir de servir le pays dans un autre domaine et sous une autre forme. Il nous faut à tout prix conserver le sang de toutes les jeunes vies féminines. Et pour cela, nous aurons, dès demain, à aviser aux moyens de préserver de la mort le plus grand nombre d'enfants, et ensuite à contribuer de tout notre pouvoir à l'éducation des générations nouvelles. Pour tout dire, nous devons sauver de la misère, du froid, de la faim, de la maladie, les petits orphelins et les élever de notre mieux en vue de la reconstruction de la France familiale, sociale et économique. Car la petite orpheline d'aujourd'hui, c'est l'ouvrière et la jeune mère de demain, c'est aussi le conscrit d'après-demain qui naîtra d'elle ; c'est, vous le comprenez, la perpétuité de la France qui est en cause. Songeons donc à sauver les orphelins de la guerre.

Mais comment les sauverons-nous ? Simplement en les retirant du milieu où les plongent le dénûment et la maladie — ces farouches embusqués de la guerre sociale — pour les transporter, telles de fragiles plantes sur la vie desquelles tremble le jardinier, dans un milieu plus salubre et plus favorable. Et tout de même que cette délicate opération réussit à merveille pour les plantes anémiées, ainsi la transplantation des orphelins aura un succès infaillible, si elle se fait dans les conditions que je viens d'indiquer.

Il faut aux jeunes vies menacées dans leur bourgeon un gîte sain, un foyer où elles trouvent, avec une atmosphère pure et le pain du corps, la nourriture du cœur et de l'âme, je veux dire tous les soins matériels joints à l'inestimable bienfait d'une éducation chrétienne qui leur assure une vie honorable et féconde en ce monde et le bonheur dans l'autre. Hélas ! ces soins et cette éducation, nos orphelins ne les rencontrent plus dans leur foyer, vide désormais de toute tendresse et de toute protection. Peut-être ne les y ont-ils jamais rencontrés. Et alors se pose nettement cette question : Où les trouver, ces conditions pour nos chères orphelines ?

Vous l'avez deviné : dans les institutions charitables fondées et dirigées par des âmes d'élite, et notamment dans l'orphelinat de la Grande-Villette, lequel remplit merveilleusement, pour les malheureuses petites orphelines de l'un des quartiers les plus populeux et les plus intéressants de Paris, toutes les conditions que j'ai énumérées, il y a un instant.

Je ne m'attarderai pas, Mesdames et Messieurs, à vous rappeler les circonstances tout à fait providentielles dans lesquelles cette maison de Dieu prit naissance, se développa et prospéra au delà de toute espérance. Mais ce que je tiens à vous dire, c'est qu'à l'imitation de toutes les maisons de ce genre, sa fondation se perd dans le mystère touchant d'une pensée à la fois chrétienne et patriotique.

Un jour de l'année 1852, une pauvre et vénérable mère s'adressa à une sainte religieuse, en la priant de se charger de l'éducation de sa chère petite fille. Sans hésiter un instant, la très humble et très dévouée servante du Christ accepta avec joie la mission que l'on venait lui confier. Avec quelle admirable abnégation elle remplit cette tâche, je n'ai pas à le dire ici. Peu à peu, d'autres mères malheureuses, pour soustraire leurs enfants aux privations, à la mort, eurent recours à la sainte religieuse et trouvèrent auprès d'elle l'accueil le plus aimable. Et, chose digne de remarque : elle n'avait, cette exquise fille de Saint-Vincent de Paul, ni pain à donner, ni foyer à ouvrir ; elle ne possédait pour tout bien en ce monde que son cœur profondément sensible aux souffrances de ses pauvres et de ses déshérités, et sa confiance sans borne dans l'assistance de Dieu. Toujours est-il que c'est avec cette mise de fonds simple et fragile tout ensemble qu'elle édifia son œuvre, si modeste au début et aujourd'hui si magnifique. Il le faut dire tout de suite, elle y fut aidée par des âmes généreuses qui éprouvèrent un bonheur infini à lui procurer les ressources matérielles dont elle avait besoin.

Le dévouement reçut de tout temps des éloges. Pour ce qui est de Sœur Payen, elle fit tant de bien qu'on parla d'elle. Ordinairement la louange fut accompagnée d'une somme d'argent. Par quelles merveilles d'économie, de patience, par quelle folie de confiance Sœur Payen sortit d'embarras, agrandit sa maison, et d'année en année parvint à former une institution modèle dont la réputation est universelle à Paris, c'est le secret de la charité et du dévouement. Rien d'étonnant, dès lors, si l'Académie Française a eu à cœur de donner à l'orphelinat de la Villette un témoignage d'encouragement, en lui décernant un prix de 6.000 francs, dans sa séance publique du 27 novembre 1913. Je ne résiste pas au désir de vous faire connaître un extrait du rapport de l'éminent académicien, M. Frédéric Masson, qui a décidé notre Académie Française à lui accorder cette haute récompense.

« Sept cent quarante-cinq orphelines sont déjà passées dans l'orphelinat de la Grande-Villette. Ces orphelines se divisent en trois groupes : les petites, qui reçoivent l'instruction primaire dans les classes, qu'elles quittent, une fois pourvues du certificat d'études; les moyennes, âgées de 13 à 15 ans, qui, tout en faisant à l'ouvroir de la maison leur apprentissage de lingères et de brodeuses, ont encore plusieurs heures de classe chaque semaine et sont initiées aux travaux du ménage; enfin, les grandes, dont quelques-unes se préparent à des professions autres que la couture et qui reçoivent, à leur sortie de la maison, à 21 ans, un trousseau et une dot de 3.000 francs. Toutes reviennent, d'ailleurs, très volontiers à la maison où elles ont été élevées, et où elles sont assurées de trouver en Sœur Payen un soutien et une consolation. »

Ce rapport se passe de commentaire.

Je n'ai plus qu'un mot à dire. Je vous prie et vous conjure, Mesdames et Messieurs, au nom des sentiments de charité qui sont dans vos cœurs de chrétiens et de Français, de faire tout ce qui dépendra de vous pour ménager à beaucoup d'orphelines ce soutien et cette consolation dont parle le rapport académique. Ce ne sont point les orphelines qui manquent, c'est souvent l'argent qui fait défaut.

O vous, qui avez des êtres tendrement chers qui se battent en héros pour la France, ayez pitié des petits enfants que nos braves laissent derrière eux ! Ayez pitié de tous les orphelins de la guerre ! Je m'adresse à votre bourse à travers votre cœur. Il y a une grâce ou une noblesse même physique dans le geste qui donne pour autrui. Si l'expression de la bonté dans les yeux est une beauté qui transfigure le visage, la générosité du cœur est l'expression de la charité qui est faite de la bonté. Ames nobles et bonnes qui m'écoutez, associez-vous par les plus larges offrandes à l'excellente œuvre de la Villette ! Il y aura en cela plus encore que le soulagement de ceux qui souffrent et seront ainsi abondamment assistés ; il y aura comme une contribution très précieuse à l'ordre social, à l'harmonie humaine, à la reconstitution de notre chère France. Encore une fois, donnez, donnez beaucoup ! La France vous en saura un gré infini, les orphelines vous béniront, et Dieu vous rendra au centuple le bien que vous leur aurez fait !

XX

Comprenons-nous ! [1]

J'ai lu naguère avec le plus vif intérêt, dans le vaillant journal *L'Alsacien-Lorrain de Paris* (2), l'article de M. le chanoine Collin, intitulé : *Comprenez-nous !* Sans répondre complètement à mon vœu : *Comprenons-nous !* mon cher et éminent compatriote y apportait une sorte d'aimable correctif, en ce sens qu'avec son talent habituel, il tâchait à nous montrer que, si de légers nuages assombrissent encore le ciel de l'Alsace-Lorraine près de se retrouver à jamais dans les bras de la mère-patrie, la faute en est bien plus aux Français qu'aux Alsaciens-Lorrains. Je le dois avouer, les arguments que fait valoir l'ancien directeur du *Lorrain de Metz* n'ont pas laissé de faire impression sur moi : ils justifient son cri vibrant. Mais cela n'empêche pas qu'il y a d'autres faits non moins sérieux qui militent en faveur de mon appel, à moi. Et voilà pourquoi je m'enhardis à répéter : *Comprenons-nous !*

Bien que l'on ait mille fois comparé l'Alsace-Lorraine à une fille chérie, violemment arrachée, voici près d'un demi-siècle, à sa mère tendrement aimée, le lecteur me permettra de la considérer une fois de plus sous cet aspect. Sans compter que cette comparaison est de nature à m'aider singulièrement pour expliquer toute ma pensée, au sujet des malentendus qui existent entre Alsaciens-Lorrains et Français, malentendus qui sont d'autant plus faciles

(1) 2 janvier 1916.
(2) 19 décembre 1915.

à dissiper qu'ils n'ont point, il s'en faut, l'importance que la peu véridique presse allemande ne cesse pas de leur attribuer.

Certes, le cœur des uns et des autres n'a jamais varié, grâces à Dieu, dans leur mutuel et fidèle amour. C'est au point que ni l'affection de la fille en pleurs, ni la tendresse de la mère en deuil n'ont été atteintes par la douloureuse séparation de 1870. Mais force nous est de reconnaître que les Alsaciens-Lorrains et les Français de France se sont ressentis des divers régimes auxquels ils ont été soumis. Il serait d'ailleurs puéril de nier que les quarante-cinq années, durant lesquelles ils ont été contraints de vivre loin les uns des autres, n'aient fatalement amené les choses où l'on voit qu'elles sont. En tous cas, le fait est là ; à telles enseignes que, au jour de la réunion si ardemment désirée et presque inespérée de part et d'autre, un cri s'échappe spontanément de leurs lèvres : Est-ce toi ? Est-ce bien toi ?

Si la fille osait, elle dirait volontiers :

— Mère, tu ne ressembles plus tout à fait à l'image que j'avais portée fidèlement au dedans de moi. Je ne te connaissais ni ces rides, ni ces cheveux blancs, ni cette dureté à l'égard de quelques-uns de tes enfants.

A quoi la mère répondrait :

— Toi aussi, tu n'es plus entièrement la petite fille de jadis. Je te trouve plus rude ; plusieurs traits de ta physionomie ne me rappellent rien de la famille. Tu es réservée, tu me parais défiante, voire craintive, et je ne sais pourquoi tes baisers n'ont plus la chaleur d'il y a quarante-cinq ans.

Il est supposable que ni la mère, ni la fille n'ont fait ces réflexions. Néanmoins, je tiens pour certain qu'elles existent, à peu de chose près, à l'état latent dans leur esprit, et qu'elles ont parfois donné lieu, de part et d'autre, à certains gestes et à certaines attitudes regrettables. Mais, disons-le tout de suite, la même chose arrive d'ordinaire chez des parents tendrement unis par le cœur et malheureusement séparés par les événements de la vie. Au jour de la réunion, ils éprouvent un vrai regret, se traduisant par un mouvement de surprise chagrine, à ne plus retrouver les physionomies de tout point semblables à l'image qu'ils en avaient gardée. Ce mouvement est naturel. Il est même si naturel que l'on aurait grand tort de tirer des conséquences exagérées du fait qu'il s'est produit entre la France et l'Alsace, le jour où il leur a été donné de se revoir et de se réunir, après une trop longue et trop douloureuse séparation. Et c'est pour cela que je répète : *Comprenons-nous !*

La France et l'Alsace-Lorraine de 1916 — la question d'affection réciproque mise à part — ne sont ni l'une ni l'autre complètement ce qu'elles étaient en 1870. Rien d'étonnant à cela. Le fleuve de la vie, en glissant sur la séparation de la mère et de la fille, les a marquées toutes deux de façon différente, suivant l'influence des courants qui l'entraînaient lui-même dans telle ou telle direction. Ces courants, s'ils avaient été d'une force modérée, auraient pu, à la vérité, ne laisser que de très faibles traces sur les hommes et les choses qu'ils rencontraient. Mais le malheur est que les quarante-cinq dernières années sont précisément de celles qui transforment la physionomie morale d'un pays, au point de la rendre, je ne dirai pas méconnaissable, mais d'en altérer pour tout le moins certains aspects. Voyez plutôt :

En France, les divisions politiques et religieuses, comme en Alsace-Lorraine, l'odieux régime d'exception imposé par le pangermanisme ont nécessairement creusé leur sillon. De telle sorte que, par le simple jeu des idées qui ont jeté la France officielle hors de ses traditions chrétiennes et la poussaient à la recherche de je ne sais quel chimérique idéal, cependant qu'en Alsace-Lorraine le courant de la *Real-Politik*, inaugurée par ses cruels oppresseurs, allait rétrogradant vers le culte absolu et l'emploi abusif de la force, ni la France ni l'Alsace-Lorraine, de nouveau réunies en 1916, ne se retrouvèrent dans la situation exacte où la guerre de 1870 les avait surprises. Sans nul doute, comme je le disais, il y a un instant, ce qu'il y a d'immortel en elles n'a point changé, au contraire. La tendre et profonde affection qui les liait alors est plus forte aujourd'hui que jamais ; mais ce que le temps tranche impitoyablement de sa faulx, je veux parler des habitudes de vivre, voilà ce qui est changé en elles. Parce que l'on ne se connaissait plus, on ne se reconnaît pas. Ah ! oui, voilà la vérité ! Quiconque ne veut pas l'admettre s'abuse étrangement.

Et, de fait, la coutume de tout oser penser et de tout oser dire — qui est la caractéristique du Français contemporain — révèle celui-ci sous un jour singulier aux yeux de l'Alsace-Lorraine, courbée, depuis quarante-cinq ans, sous le joug des barbares. Et je crains bien que le susdit Français ne soit pour mes compatriotes un sujet d'étonnement. Au vrai, le Français d'avant la guerre, tel du moins que l'ont modelé nos mœurs électorales, — intolérant en matière politique et religieuse, enclin aux suspicions sur ces deux points et prompt aux excommunications retentissantes (pour peu que l'on ne pense pas exactement comme lui), — s'oppose, autant que faire se peut, à l'Alsacien-Lorrain foncièrement religieux, vraiment libéral de tempérament et hostile à toute oppression d'où qu'elle vienne.

XX — COMPRENONS-NOUS !

Pareillement il me semble avoir constaté maintes fois, durant cette grande guerre, que l'Alsacien-Lorrain n'est pas sans étonner le Français. Son caractère froid et réservé, rendu plus froid et plus réservé encore par un demi-siècle de souffrances à peine croyables, et par sa méfiance instinctive à l'égard de l'inconnu, et par sa crainte du danger au milieu des chausse-trappes dont il est entouré, et enfin par son angoisse en présence du douloureux problème de ses destinées, tant que la paix victorieuse des Alliés ne l'aura pas complètement résolu, tout cela constitue, au regard des libérateurs de l'Alsace-Lorraine, un ensemble de choses imprévues et inexplicables.

Parmi ces libérateurs, quelques méridionaux surtout, à ce que je me suis laissé dire, n'ont rien, absolument rien compris au caractère alsacien-lorrain avec lequel ils se sont trouvés en contact. Et il y a une raison à cela. D'une part, ces enfants du soleil, favorisés par la vie et soustraits aux périls de l'invasion ennemie du fait de leur situation privilégiée loin des envahisseurs, ne peuvent vraisemblablement avoir une idée exacte de la mentalité d'une province qui, de tout temps, fut le champ de bataille où l'Europe vida ses querelles. D'autre part, il est croyable que les Alsaciens-Lorrains, si effroyablement impressionnés par ailleurs, ne sont pas encore revenus de la surprise où les jeta la révélation de ce caractère méridional gouailleur et bon enfant, sans souci, et ami des chaudes effusions. Alors il arriva ceci : quelques rares Français, encore imbus d'anticléricalisme, s'avisèrent de railler, sans méchanceté d'ailleurs, les traditions religieuses de la chrétienne Alsace-Lorraine, et ces railleries ne purent manquer d'être pénibles aux excellents chrétiens que sont mes compatriotes.

Un pareil ensemble de faits eut une cause lointaine.

Cette cause, je l'ose dire, je la trouve en grande partie dans l'oubli où la France, absorbée dans ses vaines querelles de partis et dans ses luttes intestines, avait fini par tenir l'Alsace-Lorraine, ces dernières années. A la vérité, l'on entendait bien encore, de temps en temps, en France, retentir ce cri : Pauvre Alsace-Lorraine ! Mais très peu, parmi ceux qui le poussèrent, se rendaient compte de ce qui justifiait cette compatissante exclamation.

Est-ce que la majorité des Français se doutait seulement que 500.000 Allemands immigrés habitaient l'Alsace-Lorraine et y faisaient la loi, en tenant les indigènes sous le tissu serré d'un espionnage perpétuel ? Est-ce qu'elle avait conscience, cette majorité, des nécessités amères et torturantes qu'entraînait, pour nos compatriotes, la prétendue application du traité de Francfort ? Et, en dehors d'une élite, qui donc s'occupait, chez nous, avant la guerre, de l'odieux ostracisme dont la langue française était frappée dans ma petite patrie ? Qui songeait — hormis cette élite — à tirer des conséquences de cet ostracisme pour la masse du peuple alsacien-lorrain, à savoir l'usage exclusif, dans les campagnes, de leur patois d'origine alémanique ? Il est à peine exagéré de dire que la plupart des Français ignorèrent tout ou presque tout de l'Alsacien-Lorrain. Cette ignorance, on le devine aisément, ne pouvait être que préjudiciable à la bonne entente entre libérateurs et libérés. Donc, il ne faut pas trop s'étonner si, lors de l'entrée de nos vaillantes troupes en Alsace-Lorraine, cette ignorance fut cause de bien des mécomptes. Ne connaissant plus rien ou presque rien des provinces annexées, les Français s'y étaient précipités en libérateurs, sûrs d'être accueillis avec un enthousiasme débordant. Ils le furent réellement. Il y a même des Alsaciens-Lorrains qui étaient tellement heureux de revoir notre cher drapeau tricolore qu'ils en sont morts de joie. Et au jour de la victoire finale, tous les vrais Alsaciens-Lorrains se jetteront avec délire dans les bras de leur mère-patrie. Mais, faute de connaître la véritable situation des Alsaciens-Lorrains et d'ignorer où jouaient les fils de l'espionnage et où ils étaient moins tendus, nos vaillants soldats se livrèrent sans discernement et sans tri à tous ceux qui les fêtaient. Ils se détournèrent de la même manière de ceux qui, froids et réservés, se contentaient de les acclamer silencieusement du fond du cœur, comme des muets acclameraient une aurore éblouissante de beauté après les jours d'horribles tempêtes.

Hélas ! le système d'espionnage, si subtilement tendu autour des Alsaciens-Lorrains, entoura bientôt les Français. Des Allemands, déguisés en Alsaciens-Lorrains, jouèrent leur rôle à merveille, au point qu'en maintes circonstances ils réussirent, non seulement à se faire prendre pour tels, mais encore à faire passer de vrais Alsaciens-Lorrains pour des Allemands. Je n'ai pas à appuyer sur les résultats fâcheux de pareilles perfidies, ils ne sont malheureusement que trop connus. Qu'il me suffise de rappeler que leur récit formera l'une des pages les plus noires du livre de justice, où seront inscrits, un jour, les procédés déloyaux et les actions sanglantes des barbares Teutons. Quoi qu'il en soit, devant la trahison des Allemands et le silence des Alsaciens-Lorrains terrifiés, les Français, revenus de leurs naïves et trop généreuses illusions, se demandèrent tout-à-coup si ces derniers n'étaient pas, au fond, beaucoup plus allemands que français. Et comme les habitants de la campagne comprenaient peu ou pas la langue française et que, au surplus, l'on découvrait dans quelques maisons alsaciennes le portrait du *Kaiser*, au milieu des portraits des fils de la famille en uniforme de soldats allemands, plusieurs de nos braves poilus en conclurent que les Alsaciens-Lorrains n'étaient après tout que des Boches !

Traités de *Wackes* (voyous) et de *Welches* (Français) par les Allemands, les Alsaciens-Lorrains étaient loin de s'attendre à être qualifiés de *Boches* par les Français. Eux, des Boches ! Cette atroce injure, l'on s'en doute, fut aussi dure à leurs oreilles que cruelle à leurs cœurs. Elle leur fut si dure et si cruelle, à toutes ces victimes de l'abominable tyrannie teutonne, que, tout de même que les Français n'avaient rien compris à leur mentalité, à leur tour, les Alsaciens-Lorrains ne comprirent rien à la façon dont ils étaient traités par les Français. Allaient-ils donc être éternellement pris, ces malheureux, entre l'enclume et le marteau ?

C'est le cas de répéter : *Comprenons-nous !* Oui, comprenons pour tout de bon que, chez les uns comme chez les autres, le genre de vie a créé, non point des cœurs différents, mais ce qui certes n'est pas la même chose, seulement des manières de vivre différentes. Accommodons-nous aux circonstances. C'est d'ailleurs chose très facile. Que les Français de France fassent confiance aux Français d'Alsace-Lorraine jusqu'à l'heure de la victoire finale, qui libérera ceux-ci de tout souci, de toute sujétion, de toute angoisse touchant les représailles que leurs anciens maîtres ne manqueraient pas d'exercer contre eux si, par impossible, ils revenaient au milieu d'eux, ne fût-ce qu'un jour ! Que les Français de France ne leur imputent à crime ni ces portraits du *Kaiser* qu'ils remplacent si joyeusement par ceux de *notre* Joffre, dès qu'ils sentent qu'il (*le Kaiser*) ne reviendra plus pour les punir de l'avoir descendu de la place d'honneur à laquelle il tenait comme à un droit sacré, ni cet accent de terroir qui ne représente rien d'autre que des traditions provinciales et familiales, de tout temps respectées par la douce France. De leur côté, que les Alsaciens-Lorrains tiennent compte de l'ignorance totale où leurs frères Français se trouvaient touchant les conditions réelles de leur vie, et qu'ils n'attribuent qu'à cette ignorance certains jugements trop précipités ou quelques mots trop vifs ! Qu'ils se rappellent bien que tout Français vaut mille fois mieux que n'importe quel pangermaniste. Au reste, il n'est rien de tel, pour se mieux comprendre, que de se bien connaître. Et, à ce point de vue, outre que l'autorité militaire et le gouvernement de la République s'emploient de leur mieux à éclaircir toutes les difficultés de l'heure présente et à dissiper tous les malentendus, il faut avouer que le martyrologe alsacien-lorrain de la grande guerre aura beaucoup d'action. Plus éloquent que la parole est, en effet, le sang versé en commun pour la défense de la même foi patriotique, du même idéal de justice, de droit et de liberté ! C'est surtout le sang de nos héros qui nous crie du champ de bataille, où se dispute l'existence même de la civilisation : *Comprenons-nous ! Comprenons-nous !*

XXI

Les deux voix [1]

La très intéressante et très instructive histoire qui va suivre est authentique de tout point. Je me reprocherais de changer un seul détail ou de rien embellir. Je la note ici telle qu'elle m'a été racontée par un excellent ami. Il m'a autorisé à la livrer au public, sous la réserve de ne fournir aucun renseignement de nature à dévoiler le nom du bon prêtre alsacien qu'elle met en scène. Bien qu'au demeurant rien de tragique ne saillisse dans ce récit, l'on comprendra que la question de foi patriotique qu'il soulève exige d'être traitée avec non moins de discrétion que de prudence. Mais elle vaut, cette histoire, de n'être pas passée sous silence, car elle met en lumière l'état d'esprit qui règne chez plus d'un jeune prêtre d'Alsace.

Donc, dans un certain village d'Alsace, il y a un jeune prêtre, lequel, à l'exemple de ses jeunes confrères, a passé par l'Université allemande. Il serait assurément exagéré de dire qu'au contact des *Herren Professoren*, M. l'abbé X..., dont il s'agit, ait acquis des sentiments tout à fait germanophiles ; mais force m'est de reconnaître que ses sentiments d'avant la guerre témoignaient, en général, d'une véritable admiration pour la grande Allemagne et d'une confiance aveugle et naïve dans ses glorieuses destinées. Oui,

[1] 8 mars 1916.

l'Allemagne pacifique et religieuse, chargée par Dieu de régénérer le monde moderne, voilà bien, en fin de compte, comment se la représentait mon jeune abbé.

Les raisons sur lesquelles s'appuyait son jugement étaient de deux sortes : les unes d'ordre religieux, les autres d'ordre essentiellement politique et social. Pour ce qui est des raisons d'ordre religieux, pas n'est besoin d'y insister. Elles tenaient, ces raisons, dans l'opposition de l'anticléricalisme gouvernemental français et de la prétendue protection paternelle dont le gouvernement impérial (tout protestant qu'il fût) couvrait la sainte Église de Dieu. A songer, d'une part, au désastre religieux dont une laïcisation farouche menaçait la France catholique, et à voir, d'autre part, le respect, les attentions bienveillantes de toute sorte dont la religion était entourée en Allemagne, l'abbé X... s'écriait de temps à autre :

— *Ach ! lieber Gott !* (Ah ! mon Dieu !) A quoi pense donc la France ?... J'en suis désolé. Mais si cela continue, n'en déplaise à l'abbé Wetterlé, quel Alsacien catholique souhaiterait de redevenir Français ? Tout bien pesé, mieux vaut être Allemand religieux que Français impie !

Et il faut avouer que ce sentiment d'amer désenchantement à l'égard de la France anticléricale s'accentuait de plus en plus chez l'excellent prêtre, cependant qu'il comparait l'Église de France à l'Église d'Allemagne, et qu'il pensait à son église à lui, si merveilleusement entretenue et remplie de fidèles, à ses écoles florissantes où l'image du divin Crucifié occupait la place d'honneur, à son presbytère confortable et bien tenu, à son gros traitement, etc...

Sans être absolument partisan des théories du fameux professeur Ostwald, lequel, on ne le sait que trop, a représenté l'organisation allemande comme le plus haut degré de la perfection, l'abbé X..., à considérer l'irréligion de la France officielle, avait fini par se persuader que, dans les luttes modernes, simples luttes pour l'existence (toutes pacifiques et toutes courtoises), les Germains auraient désormais le pas sur les peuples latins. Et il le voyait à ceci : c'est que les conditions de vie, créées par l'évolution moderne au point de vue de l'application des procédés scientifiques à l'industrie, exigeraient de plus en plus impérieusement, au fur et à mesure que les années s'écouleraient, des qualités inconnues aux peuples latins. Et, le regret au cœur, les larmes dans les yeux, l'abbé X... s'écriait :

— Fini, le règne des qualités brillantes et imaginatives des peuples latins ! Fini, le règne de la poésie et des idées qui ne se changent pas en bel argent sonnant ! En avant, les qualités des Germains, s'entend la patience, la régularité, l'esprit pratique, la méthode, la technique rigide !

C'est dans ces dispositions que la guerre surprit l'abbé X... Convaincu qu'il était des sentiments foncièrement pacifiques du *Kaiser*, il crut de bonne foi que tous les torts étaient du côté de la Russie, et ses sentiments de confiance dans la grande Allemagne n'en furent que fortifiés. Ah ! certes, il n'aimait point l'Allemagne, qui s'était montrée si dure, si tyrannique pour sa chère petite patrie ; mais, malgré tout, il ne pouvait s'empêcher d'admirer sa puissance et sa force. Sans faire positivement des vœux pour l'oppresseur, aucun ! il reconnaissait de grandes qualités et qu'il estimait, l'abbé X... n'osait trop en faire pour la France, qu'il aimait encore, malgré ses fautes et ses erreurs, mais qu'il n'estimait plus.

— Ma foi ! confiait-il à un ami, à la grâce de Dieu ! Nous allons bien voir de quel côté penchera la balance

XXI — LES DEUX VOIX

de l'éternelle justice. Cette guerre sera le jugement de Dieu !

Au fond de son cœur (de son pauvre cœur affligé !) l'abbé tremblait fort pour la France impie, qui jamais n'invoquait Dieu officiellement, alors que la religieuse Allemagne retentissait partout du cri : « *Gott mit uns !* Dieu avec nous ! » A la vérité, il n'ignorait point que, derrière la France officielle, résolument laïque, une autre France, la France chrétienne, se tenait à genoux, le front dans la poussière, invoquant pour le succès de sa vaillante armée le Dieu de Clovis, de sainte Geneviève, de saint Louis, de Jeanne d'Arc, et la Vierge de Lourdes et celle d'innombrables sanctuaires. Malgré tout, la France anticléricale continuait de lui faire peur.

Ai-je dit que, faute de santé, l'abbé X... avait pu rester à la tête de sa paroisse ? Tout en remplissant le saint ministère, il suivit non sans anxiété les différentes péripéties de la guerre. Chose digne de remarque : la première entrée des Français à Mulhouse fut une surprise joyeuse pour le bon abbé. Il se dit :

— Bonne affaire ! Dieu a pitié de la France !

Leur départ de la grande cité industrielle l'inquiéta. Il murmura :

— Tiens !... Tiens !... Qu'est-ce que cela signifie ?

Leur retour fit revenir l'allégresse dans son cœur. Il s'écria :

— Décidément, la vertu de Dieu est sur la France. La France chrétienne l'emporte sur l'autre France.

Mais le nouveau départ des Français renouvela toutes ses angoisses, et il eut l'idée que le jugement de Dieu pourrait bien n'être, en somme, nullement favorable à la France. D'autant que les cloches sonnaient sans trêve ni repos pour annoncer des victoires allemandes, que l'on pavoisait sans fin par ordre sur la terre d'Alsace, et que l'*Agence Wolff* ne cessait pas de claironner de glorieux et triomphants hallalis !

Mais voici que des bruits sinistres arrivèrent, je ne sais comment, aux oreilles de l'abbé X... En même temps que l'on parlait d'horribles scènes de dévastation en Belgique, on colportait, sous le manteau de la cheminée, certaines rumeurs touchant d'abominables représailles, dont les Alsaciens-Lorrains auraient été victimes dans les villages repris aux Français. L'abbé X... se refusa d'abord à croire à tant d'atrocités. Pourtant, des personnes dignes de foi assuraient qu'en Belgique des églises avaient été incendiées et les saintes espèces odieusement profanées, que beaucoup de prêtres avaient été fusillés, que la horde infâme se plaisait à mutiler les vieillards, à tuer les petits innocents et à violenter des religieuses et des femmes dignes de vénération et de respect. On citait aussi les noms de ceux qui, en Alsace-Lorraine, avaient payé de leur vie, ou de la privation de leur liberté, ou de leur ruine le crime irrémissible, aux yeux des Allemands, d'avoir témoigné de la sympathie à la France.

Ces nouvelles, pour précises qu'elles fussent, ne parvinrent point encore à ébranler la confiance de l'abbé X... Non, se dit-il, la grande et religieuse Allemagne ne pouvait se déshonorer par des forfaits qu'eussent réprouvés les plus cyniques bandits de profession. En outre, ces racontars ne reposent sur rien de précis. L'on avait bien cité des noms propres ; mais des noms propres inconnus, qu'est-ce que cela prouve ? Des faits, des faits incontestables, signalés et contrôlés par les journaux : voilà qui serait concluant !

A partir de ce moment, l'abbé X... se plongea dans la lecture quotidienne des grands journaux allemands, avec l'espoir d'y trouver, ou de quoi justifier les bruits qui couraient, ou de quoi les condamner. Avec une réelle satisfaction (la satisfaction d'un homme de bien qui aime à voir triompher la vérité) il rencontra, tout le long des colonnes des journaux susdits, de virulentes plaintes au sujet des calomnies que les alliés dirigeaient sans répit contre la nation allemande, et cela, au mépris de toute justice et de toute vérité. L'abbé X... fut sensible aux mauvais procédés de la France dont témoignaient hautement ces articles de journaux teutons. Il s'en sentit comme honteux, car la France, après tout, c'était pour lui, toujours et quand même, la chère et aimée France. Oui, à sa honte, il sentit combien il l'aimait toujours.

Pourtant, les rumeurs persistaient. Bien mieux, elles s'affirmaient et elles se confirmaient. A tel point qu'un jour vint où l'abbé X..., mis en présence d'une victime échappée par miracle à la barbarie allemande, ne douta plus. Et ce fut, à la vérité, une désillusion pour le pauvre prêtre, tant son affection innée pour la France se compliquait d'admiration à l'égard de celle qui était à ses yeux la grande Allemagne. Hélas ! le colosse avait-il donc des pieds d'argile ? Mais alors, ses sentiments religieux ? sa fameuse devise : *Gott mit uns ?*

L'abbé X... se serait, je le crois, complètement égaré dans la recherche de la vérité, faute de pouvoir se reconnaître au sein de l'obscurité où il se sentait plongé, si la Providence n'avait pris en pitié son extrême embarras et ne lui eût envoyé, au moment où ces questions jaillirent, pour la première fois depuis sa sortie de l'Université, du tréfonds de sa conscience, la lumière qui lui manquait. Cette lumière lui apparut en lisant le numéro de la *Croix* du 6 novembre 1915. Je ne sais par quelle voie mystérieuse lui parvint ce numéro. Toujours est-il que l'article « Germanisme et Protestantisme », dû à la plume de l'éminent directeur de la revue : *La Foi catholique*, M. le chanoine Gaudeau, fut pour lui l'étincelle merveilleuse qui mit subitement le feu à tout un stock de choses ignorées qui dormaient en lui. A dire vrai, ce fut une illumination splendide.

Je n'ai pas à entrer ici dans les détails de cet article. Je me contenterai de noter qu'en démontrant combien et comment le pangermanisme est antichrétien, cet article prouvait que l'individualisme égocentriste de Luther avait porté des fruits de mort en Allemagne. Une phrase surtout — l'une de ces phrases qui, à elles seules, sont toute une révélation — se détachait aux yeux éblouis de l'abbé X... Je cite cette phrase pour la plus grande clarté du récit. La voici : « Dans la mesure où une âme est déformée par le germanisme, cette âme, quelle que soit sa foi extérieure, n'est plus religieuse, parce que, dans cette mesure, elle substitue le moi allemand au Dieu réel, à l'idéal vivant et personnel de vérité et de justice qui est l'unique objet et l'âme de la religion. »

L'idée du *moi allemand* — de ce moi qu'il connaissait bien, dont il avait souffert et qu'il avait cependant admiré — substitué au Dieu réel apparut clairement aux regards de l'ancien élève de l'Université teutonne. Et, en se manifestant à lui, cette idée lui fit comprendre tout ce qui lui avait échappé jusque-là des rapports de la religion avec le gouvernement impérial. Il n'en avait vu que l'harmonieux accord extérieur, et voilà que tout d'un coup se révélaient à lui les dessous formidables de cette prétendue alliance du trône et de l'autel. Il réfléchit, il pesa longuement, minutieusement les raisons qui prouvaient la transposition du principe de l'égocentrisme subjectiviste du domaine de la révélation surnaturelle, où l'avait posé Luther, au domaine philosophique, où Kant l'établit par la négation de l'autorité de la raison spéculative. A leur tour, Hegel, Fichte, Nietzsche apportaient leur concours à cette œuvre de divinisation du moi allemand, qui, tout compte fait, se traduisait par le renversement de toute morale, de tout droit, de toute religion réelle à son profit.

Et l'abbé X..., lancé sur cette piste, voyait peu à peu se dessiner l'étonnante perversion qui s'était opérée en lui et autour de lui. Pour la première fois, il apercevait distinctement, clairement, l'œuvre de la philosophie allemande transportée de son domaine propre dans celui de la politique, et opérant ce prodige de dominer et de terrasser toutes les âmes individuelles au point de les fondre en une grande âme collective. L'âme allemande? Mais il la connaît de reste. Est-ce qu'il ne la sent pas vibrer sur toute la terre d'Empire, sauf en Alsace-Lorraine et en Pologne? Est-ce que toutes les cruautés dont un gouvernement despotique avait usé à l'égard de deux malheureuses provinces annexées ne venaient pas précisément de leur attachement à leurs traditions particulières, à leur vie propre, pour tout dire, à leur âme, que chacune d'elles persistait à vouloir conserver intacte et personnelle? Oh! cette âme collective, comme elle se révèle à lui!

Et maintenant, dans le silence de sa chambre, le regard fixé sur son crucifix, l'abbé X... réfléchissait. Appliqué qu'il était à saisir la marche du phénomène, sa mémoire, devenue tout à coup d'une étrange lucidité, la lui retraçait en caractères de feu. Oh! oui, comment n'y avait-il pas songé auparavant? La théorie du droit absolu de l'État, lequel, d'après Hegel, devait être adoré comme un Dieu, engendrait la justification de la force; cette justification entraînait le caporalisme prussien, et le caporalisme prussien, ah ! misère de misères !...

Un rire douloureux s'échappa des lèvres de l'abbé X..., en même temps qu'une violente nausée de dégoût lui montait du cœur. Car sur la religion, sur le catholicisme, il le sent, ce caporalisme, peser de tout son poids lourd et ignominieux. Que signifiaient au fond toutes les belles paroles et les beaux gestes de Guillaume II à l'adresse du catholicisme, sinon que, plus onduleux que Bismarck, il avait préféré amadouer la religion catholique qu'il détestait, plutôt que de la combattre, et l'asservir en la nourrissant de miel plutôt qu'en l'abreuvant de vinaigre, comme le fit Bismarck. Du temps du chancelier de fer, le centre allemand avait à sa tête un Windthorst ; aujourd'hui, il n'avait plus qu'un Erzberger, ce bizarre catholique, partisan fanatique et admirateur de toutes les turpitudes engendrées par le militarisme prussien. De Windthorst, qui ne cessa jamais de lutter pour l'indépendance de son cher Hanovre, à Erzberger, ce plat valet d'un pouvoir sanguinaire, au seul point de vue humain, quelle chute !

Mais cependant, si les catholiques allemands avertis relevaient la tête !... s'ils désapprouvaient les barbaries, les crimes sans nom et sans nombre contraires au droit des gens et à la morale de l'Évangile ! si, dans un sursaut de conscience, ils prenaient fait et cause pour le droit contre la force !... si chaque âme individuelle, se réveillant de sa longue léthargie, s'échappait enfin de la cangue de l'âme collective et protestait énergiquement de l'éternelle prédominance du droit sur la force !... s'ils osaient !... s'ils pouvaient !... s'ils voulaient ! Mais l'abbé X... se remémore brusquement la lente et sûre infiltration protestante qui vient des Universités allemandes et qui pèse, il en sait quelque chose, hélas ! sur le jeune clergé. Il pense à cette plaie des mariages mixtes qui fait qu'à la seconde génération, les catholiques sont irrémédiablement perdus pour la sainte Église. Il voit le mal déjà fait et pressent celui qui reste à faire. Découragé, il murmure :

— Si ce réveil catholique sonnait, alors, dans l'Allemagne caporalisée, les jours d'un nouveau *Kulturkampf* se lèveraient sur l'Allemagne catholique. Un Bismarck plus cruel et plus sanguinaire que le premier surgirait de l'âme énigmatique et tortueuse de Guillaume II le tyran ; et le malheur serait sur ceux qui, après avoir aidé au règne du caporalisme prussien, s'opposeraient à ses dévastations !

A genoux maintenant, les yeux remplis de larmes, devant son crucifix qui continue à étendre ses bras divins sur le monde bouleversé, l'abbé X... prie avec ferveur :

— Dieu juste et bon, murmure-t-il, sauvez la France, la douce France ! Malgré ses erreurs et ses fautes, elle est encore ce que la terre contient de meilleur et de moins imparfait. Ne lui tenez pas rigueur du masque d'anticléricalisme que d'aucuns lui avaient imposé. Ce masque est tombé en partie à l'heure qu'il est, arrachez-le tout à fait ! Sauvez la France, sauvez-nous avec elle ! Dieu tout-puissant, rendez à jamais l'Alsace-Lorraine à la France !...

XXII

Le lieutenant-colonel Macker [1]

Parmi les physionomies de nos héros alsaciens, que la guerre a vus surgir et disparaître, l'une des plus nobles et des plus caractéristiques, à mon sens, est bien celle du lieutenant-colonel Macker, tombé, le 10 mars 1916, à la tête du ...^e régiment d'infanterie.

Dans ce cruel épisode de la formidable bataille de Verdun, le lieutenant-colonel Macker fit si grande figure de chrétien et de guerrier que je ne puis résister au désir de parler de cet admirable et cher compatriote.

Vers sa tombe lointaine s'en vont les larmes, les regrets et les prières de ceux qui l'ont connu, aimé et apprécié, et de sa pieuse femme, si merveilleusement résignée et forte sous le coup douloureux, et de ses enfants généreux et tendres, et de sa sœur vaillante autant qu'attristée, et de son frère Émile, prêtre, lieutenant porte-drapeau au 235e régiment, à Salonique, décoré de la croix de guerre, et de son frère André, vicaire à Saint-Ferdinand des Ternes, actuellement sergent infirmier à Dôle, et de ses neveux et de tous ses parents et amis.

Mais sur cette tombe fraîchement ouverte, il manque hélas ! les larmes, les regrets et les prières de ses vieux parents, demeurés à Colmar, dans la vieille maison

[1] 16 avril 1916.

familiale. Sa vénérable mère, âgée de 79 ans, a été, il est vrai, avertie par les Allemands de la mort de son cher fils Léon. Mais la pauvre martyre a caché sa douleur immense à son mari, trop âgé et trop faible pour la supporter. Elle est admirable de résignation et de courage. En écrivant à sa fille, Mᵐᵉ veuve Hartmann, elle lui dit : « Qu'il est beau de mourir pour Dieu et la France ! Retrouvons-nous tous au pied de la Croix ! » Le vénéré père ignore donc encore la mort de son fils !... Quand saura-t-il la triste nouvelle ?

Ah ! s'il la connaissait, qu'il serait triste et fier tout ensemble ! Triste comme père, fier comme Alsacien ayant donné tous ses enfants à la douce France. Il se souviendrait, sans nul doute, du serment que fit, à l'âge de quatre ans, le fils tombé face à l'ennemi. Dès 1870, en effet, dans Colmar opprimé, Léon Macker avait juré qu'il serait un jour soldat pour délivrer l'Alsace, pour « la reprendre », ainsi qu'il le disait dans son langage enfantin.

Ah ! c'est que l'on était français jusqu'aux moelles dans mon cher Colmar ! Et de tous ces Français, le Dʳ Macker, père du jeune Léon, l'un des médecins les plus expérimentés et les plus appréciés de la ville, n'était pas le moins passionné, il s'en faut ! Il était, par ailleurs, aussi fervent catholique que patriote ardent. Je ne veux pour preuve de sa foi tout alsacienne que ce trait exquis, dont l'un de mes amis me rappelait hier encore le souvenir.

A une certaine époque, le Dʳ Macker et sa famille avaient coutume de passer les grandes vacances sur les hauteurs des Trois-Épis. Et là, au lieu de jouir d'un repos bien mérité, le bon docteur accueillait les nombreux malades que sa renommée lui attirait. Mais, geste bien touchant, il prit plaisir à offrir à la célèbre et antique chapelle de Notre-Dame des Trois-Épis tous les honoraires qu'il recevait durant sa villégiature, estimant, à ce que l'on m'a assuré, que l'antique Notre-Dame était le premier et le seul médecin de l'endroit.

Élevé par un tel père et par une mère non moins chrétienne, dans un milieu tout imprégné de la plus délicate culture française, le jeune Léon Macker ne pouvait manquer de faire honneur aux exemples et aux leçons qu'il recevait autant de ses maîtres que de ses parents. C'est ce qui arriva, en effet. C'était un caractère énergique, un peu fermé sur tout ce qui se passait dans l'intime de son être ; il avait une intelligence prompte et lucide, et son cœur était un trésor que seuls ont bien connu les privilégiés auxquels il a été donné d'y puiser abondamment.

Né à Colmar, le 10 août 1866, l'on peut dire que si les premières années de Léon Macker furent heureuses, tout autant l'ont été ses années d'études, pendant lesquelles il gagnait des couronnes et se faisait d'excellents amis. Toujours est-il qu'il fut l'un des meilleurs élèves du collège libre de la Chapelle-sous-Rougemont (territoire de Belfort), comme aussi du collège Saint-Sigisbert, à Nancy, et du lycée de cette ville, où il prépara les examens de Saint-Cyr. Après sa sortie de notre grande école militaire, en 1887, il était nommé sous-lieutenant au 97e régiment d'infanterie à Chambéry. Là, il travailla avec ardeur en vue d'être reçu à l'École de guerre. Il y fut admis, et en sortit en 1896. La même année, il faisait un mariage suivant son cœur, en épousant Mlle Allard, fille du grand industriel bien connu à Lyon. Nommé successivement à l'état-major de Belfort, capitaine à Nancy, à Lyon, à Saint-Étienne, enfin officier d'ordonnance du général commandant le corps d'armée de Besançon, sa carrière fut brillante. Il passa, en qualité de chef de bataillon, au 76e régiment d'infanterie à Paris, et fut ensuite, dans la même ville, chef d'état-major à la 7ᵉ division, sous les ordres du général Roques, le ministre de la Guerre d'aujourd'hui. Le conflit européen le trouva prêt à remplir les devoirs les plus rigoureux. En novembre 1914, il fut placé, comme lieutenant-colonel, à la tête du 92ᵉ régiment d'infanterie qu'il reconstitua après la bataille d'Ypres.

Dans ce court article consacré à la mort d'un brave, il m'est malheureusement impossible de m'étendre, comme je le voudrais, sur ce que fut sa belle vie, au cours de ces longs mois de guerre, jusqu'au jour où il tomba pour ne se relever plus. Pourtant, un mot échappé à sa plume le dépeint tout entier, avec son infini et brûlant désir de sacrifice. « L'on ne vit bien, écrivait-il à l'un de ses parents, que là où d'autres meurent ! » Je n'irai pas jusqu'à dire qu'il souhaitait vivement de mourir ; mais, en vérité, la mort pour Dieu et pour la France ne lui faisait point peur. A l'admirer tant chez les autres, ne la sentait-il pas tous les jours bien proche de lui !

Et, en effet, la mort le cueillit : elle le cueillit en beauté, en sainteté et en bravoure. Je ne connais rien de plus beau, de plus saintement et de plus patriotiquement émouvant que la mort de ce brave, dont les chefs ont dit « qu'il a écrit de son sang, dans cette guerre scientifique et brutale, une page de la guerre en dentelles », et « qu'il conduisit son régiment à l'assaut comme au temps de la chevalerie ».

Pour dire vrai, ce fut magnifique.

Le *Bulletin des Armées* a donné de cet assaut un récit si touchant que je n'ai pu le lire sans verser des larmes. Non pas que l'attendrissement m'ait gagné, en prenant connaissance des détails techniques, qui faisaient de cette marche en avant de tout un régiment de braves quelque chose de si parfaitement équilibré et de si bien ordonné que l'on ne pouvait retenir une exclamation d'admiration. Mon cœur s'est serré simplement. Mais ce qui m'a fait pleurer, c'est l'admirable scène qui présida au départ de nos héros ! Afin que personne ne puisse supposer qu'emporté par mon imagination, je retrace cette scène telle que je l'ai vue, moi, à distance, et non comme elle s'est passée en réalité, j'en emprunte la grandiose et tragique description à un autre récit, celui de l'un des chefs du héros tombé : « Sous le feu violent de l'ennemi, écrit-il, le colonel s'est agenouillé devant l'aumônier, tandis que, successivement, les vagues d'assaut, dans des formations tactiques impeccables, l'imitaient et recevaient le signe de rédemption et de victoire. Puis, lui Macker en tête, toute la troupe prenait pied sur la position d'un merveilleux élan. »

Cette scène, digne de tenter le pinceau d'un peintre, se passait le 8 mars, à sept heures du matin. A 7 h. 20, le régiment était maître de tout le terrain.

Radieux, nous apprend le *Bulletin des Armées*, le colonel fit un ordre du jour, qui devait être le dernier, et qui a toute la beauté d'un testament héroïque : « Le régiment, dit-il, — et si ce ne sont pas les termes exacts, j'en garantis du moins la pensée, — a, dans un élan magnifique, emporté le bois des Corbeaux. Par vous, grâce à vous, j'ai vécu la plus belle journée de ma vie de soldat. »

Cet ordre du jour du colonel, c'était son chant du cygne. Le lendemain, après vingt-quatre heures de combats acharnés, le colonel écrivait : « Nous tombons un à un, mais comptez que trois Boches paient la vie de chacun de nous. Le bois est jonché de cadavres. Quelles heures splendides ! Je suis heureux de les avoir vécues ! »

Le 10 mars, il tombait, frappé à son tour par une mitrailleuse ; « il tombait sans pousser un cri ». Gloire à lui !

In memoriam !...

Gloire aussi à son régiment, au noble 92ᵉ !

Voici ce qu'un officier d'état-major, bien placé pour le connaître et l'apprécier au milieu de l'effroyable bataille, a dit de lui : « Au bois des Corbeaux, le 92ᵉ a perdu les deux tiers de son effectif et son colonel !... Oh ! le beau régiment ! Voilà de vrais poilus ! Après avoir repris presque entièrement le bois, ils subirent le choc d'une division tout entière, ils ne cédèrent que pas à pas, jonchant le sol des cadavres boches et, hélas ! des leurs aussi ! Les survivants (environ 150), sous les ordres d'un chef de bataillon, le commandant R..., restèrent accrochés au flanc du coteau pendant plus d'un jour. »

Après cette journée, remplie d'exploits héroïques, le commandant, envoyant un rapport au général de brigade, le terminait par ces mots : « Le moral est bon, malgré les flammes, le fer, le chlore ! tant qu'il en restera un, comptez sur nous ! »

Noble 92ᵉ ! Gloire à vous !

XXIII

L'Anticléricalisme « made in Germany »

Une active et patriotique campagne se poursuivait en France, depuis quelques années, contre les innombrables produits de fabrication allemande qui, si seulement on les avait laissés faire, n'auraient pas tardé à ruiner notre industrie nationale. Mais personne, que je sache, ne s'était encore avisé de signaler, parmi les articles de toute espèce ainsi importés d'Allemagne pour notre grand dommage, le plus détestable, à coup sûr, et le plus toxique de tous : l'anticléricalisme gouvernemental français. Oui, l'anticléricalisme d'avant la guerre nous venait en droite ligne de Berlin ; il portait la marque « made in Germany » et la griffe bismarckienne. C'est un funeste produit prussien introduit chez nous, à la seule fin d'atrophier irrémédiablement les énergies séculaires de notre race ; et cela, de par l'expresse volonté du défunt chancelier de fer, qui, avec sa forte intelligence pratique et son manque complet de scrupule, avait clairement compris qu'une telle décomposition morale de la France constituerait, pour l'empire allemand, une garantie de sécurité et de développement sans pareille.

On a généralement coutume, chez nous, d'expliquer l'attitude de Bismarck à notre égard en la mettant au compte d'une haine féroce et invétérée de la France.

Et certes, c'est chose trop manifeste, que le célèbre chancelier ne nous aimait pas. Nous représentions à ses yeux non seulement une nation latine, — et donc opposée aux Germains, — et une nation catholique, — s'opposant, comme telle, à la protestante Allemagne, — mais aussi un peuple libre, fier, volontiers frondeur, hostile à tout excès de pouvoir, sans compter les sentiments d'envie que ne pouvait manquer d'inspirer au puissant ministre prussien le spectacle de notre richesse nationale et de tout l'ensemble des conditions naturelles de notre vie. Tout cela, il faut l'avouer, n'était pas fait pour nous valoir la tendre affection de Bismarck ; et en vérité celui-ci nous détestait de toute la force de son cœur ardent et implacable.

Mais il n'en reste pas moins que ce zélé patriote, avec son génie profond de dissimulation et de ruse, ne nous aurait pas laissé voir aussi ouvertement ce sentiment de haine jalouse qu'il éprouvait à notre endroit, si l'intérêt de sa patrie allemande lui avait commandé de nous tromper sur ce point. Personne n'excellait davantage à faire croire à chacun ce qui lui plaisait. Le malheur est que, précisément, l'intérêt de la patrie allemande, tel que l'entendait la politique bismarckienne au lendemain de la guerre de 1870, exigeait plutôt que le ministre prussien nous montrât les dents. Et aussi le fit-il sans l'ombre de réserve, avec l'âpre et brutale franchise que l'on sait.

Cette conclusion ressort très nettement d'une foule de témoignages autorisés : mémoires du marquis de Gontaut-Biron, du prince de Hohenlohe, *Souvenirs* de Mme Juliette Adam, études historiques de MM. Georges Goyau et Henri Galli, correspondances diplomatiques, etc. Incontestablement, les deux tendances dominantes de la politique bismarckienne, son rêve constant d'extension territoriale et son désir de soumission des États allemands à l'hégémonie de la Prusse, s'accordaient pour lui prescrire une attitude hostile envers la France.

Que le chancelier de fer ait toujours eu en vue d'agrandir le domaine du nouvel empire, c'est ce qui ne saurait être mis en doute. Même après son triomphe de 1870, tout porte à croire que l'ancienne ambition concurrente a secrètement survécu dans un coin de son cerveau. Cet homme d'État, toujours prêt à essayer de détruire tout ce qui gênait le champ de sa vision, n'était sûrement pas, à ce moment de quasi-apothéose, sans considérer avec envie la possibilité d'un débouché maritime du côté de l'Océan. Paris port de mer ne pouvait manquer de séduire sa convoitise insatiable, et d'autant plus qu'à cette date, l'Allemagne n'avait pas encore inauguré sa politique coloniale.

Que si, maintenant, nous considérons les idées franchement exprimées du chancelier sur l'hégémonie prussienne, nous comprendrons aisément de quelle façon cette politique d'hégémonie, contraire aux intérêts des États catholiques de l'Allemagne du sud, n'a pu manquer d'entraîner le tout-puissant ministre à identifier la cause de la Prusse avec celle de la religion protestante, et comment aussi, de ce fait, l'assujétissement du catholicisme à la raison d'État est devenu chez lui un désir pour le moins aussi fort que celui de la susdite extension des bornes de l'empire. Car, aux yeux de Bismarck, le catholicisme était bien un peu la haute figure de Pie IX, rayonnant derrière les portes closes de sa prison du Vatican ; mais c'était aussi la Bavière, qu'il estimait trop « particulariste », c'était encore la Pologne, qui ne cessait point de l'énerver et de l'irriter ; et par-dessus tout cela, c'était la formidable armature sociale de ce « papisme » dont le spectre le hantait, au sein de la nouvelle confédération allemande. De par son rêve d'hégémonie prussienne, Bismarck était fatalement appelé à partir en guerre contre l'Église catholique.

De là ce *Kulturkampf* dont l'histoire nous est désormais parfaitement connue, grâce aux travaux aussi consciencieux que précis de M. Goyau. Mais ce que l'on ne sait pas assez, c'est que cette lutte nationale, entièrement issue de la volonté du chancelier allemand, n'a point suffi à satisfaire son humeur combative, et que, presque tout de suite après avoir déclaré la guerre aux catholiques de son pays, il a conçu le projet d'un Kulturkampf international, qui dans l'Europe entière mettrait fin au dangereux esprit d'indépendance temporelle du catholicisme. Et comme son rêve secret d'extension territoriale l'amenait à porter de préférence ses vues sur notre pays, il était naturel que celui-ci apparût le champ d'expérience le mieux approprié pour un premier essai de cette immense lutte contre l'Église détestée.

Sans compter que Bismarck sentait vivement la nécessité d'appliquer à notre pays tous les moyens qui auraient chance de nous affaiblir, et, par là, de le rassurer lui-même à notre sujet. Le fait est que son ancienne inquiétude à l'égard de la France n'avait nullement cessé avec la conquête de l'Alsace-Lorraine. Toujours encore le chancelier se sentait au fond du cœur la crainte angoissée d'une « revanche », qui viendrait lui enlever le fruit de ses victoires. Or, pour empêcher cette tentative, que l'amer désespoir des nouveaux annexés et l'unanime regret de la France entière lui faisaient apparaître de jour en jour plus probable, quel moyen pouvait être meilleur que celui qui réussirait à perpétuer l'abaissement de la nation vaincue, en la livrant à l'infaillible poison des divisions intestines ?

Aussi bien ce grand homme d'État, que sa préoccupation passionnée des suites immédiates de ses actes empêchait parfois d'en apercevoir les conséquences plus lointaines, se trouvait-il à ce moment, — nous en avons maintes preuves manifestes, — sous le coup d'une illusion qui ne pouvait manquer de l'encourager dans cette espérance de nous « sidérer, » en nous injectant à haute dose le virus anticlérical. Il ne s'imaginait pas que son *Kulturkampf* allemand était en train de causer dans son pays d'irréparables dommages au catholicisme, et que jamais celui-ci ne parviendrait à se remettre des terribles assauts dirigés contre lui. Combien plus dangereux et funeste encore serait un combat du même genre dans un pays de traditions catholiques tel que la France, où la ruine des vieilles croyances, — préparée par deux siècles de libre pensée et d'esprit révolutionnaire, — serait assurée d'écraser du même coup les qualités jusqu'alors les plus tenaces de l'âme nationale !

Ainsi la création d'un *Kulturkampf* français signifiait à la fois, pour notre génial ennemi, une nouvelle atteinte portée à ce catholicisme dont il avait résolu de mater la superbe, et l'affaiblissement garanti de la France, emprisonnée et étouffée dorénavant sous le poids de luttes de conscience infiniment plus efficaces, à ce point de vue, que les luttes les plus acharnées des partis politiques. Si bien que, dans un avenir rapproché, le chancelier pouvait escompter la mise hors de combat définitive du peuple qu'il détestait et craignait par-dessus tous les autres, et donc, du même coup, la porte ouverte à tous ses espoirs d'extension allemande, le triomphe suprême de sa puissante entreprise politique.

Restait seulement à réaliser chez nous ce projet d'une guerre religieuse. Avec son habileté ordinaire à découvrir les voies les plus sûres pour la réalisation de chacune des idées qui lui tenaient au cœur, le chancelier eut vite fait de comprendre que, seule, une pression plus ou moins secrète exercée sur le gouvernement français aurait chance de lui procurer des résultats satisfaisants. D'où ses savants et patients efforts pour mettre la main peu à peu sur nos hommes d'État les plus influents, et cette série de catastrophes morales et religieuses, — sans parler mê... de la série parallèle de dommages d'ordre maté*iel, — qu'allait accumuler sur nous, au cours des années suivantes et jusqu'à nos jours, l'aiguillage perfidement suggéré de nos dirigeants vers l'anticléricalisme d'État.

Les circonstances, disons-le tout de suite, furent entièrement favorables aux projets de Bismarck. Le gouvernement de M. Thiers, dont on ne peut d'ailleurs que louer les intentions patriotiques, se trouvait, la paix une fois conclue, dans la situation d'un débiteur accablé que son créancier harcèle sans merci, l'empêchant par là même de conserver envers lui l'attitude ferme et sûre qui serait indispensable pour le contenir. La libération du territoire français et le paiement de l'indemnité de guerre, encore que désormais réglés en principe, ne laissaient pas d'offrir au Président français maintes difficultés d'exécution. Le chancelier allemand, qui estimait que la France se tirait trop vite et trop bien de l'abîme de misère où il avait cru la plonger irrémédiablement, ratiocinait, discutait, soulevait des objections incessantes. En face de lui, M. Thiers parlementait de son mieux. Pour le salut du pays, menacé chaque jour d'un nouvel écrasement à la moindre velléité de résistance, le Président et ses ministres apportaient dans leurs relations avec

Bismarck toute la douceur et la souplesse dont ils étaient capables. Et naturellement le chancelier, qui n'était pas homme à s'attendrir devant un tel effort d'abnégation patriotique, s'autorisait de ces façons déférentes de ses victimes de la veille pour enfler davantage sa grosse voix impérieuse. Il s'y sentait enhardi, du reste, par toute sorte de symptômes que l'historien impartial est malheureusement contraint d'enregistrer : ses agents ne manquaient pas de lui apprendre de quelle manière, par exemple, les couloirs de notre Assemblée nationale et la Bourse de Paris frémissaient à la seule pensée de mécontenter le redoutable vainqueur. Il n'ignorait pas que, pour le moment, la politique intérieure de la France, le choix des ministres, le régime lui-même dépendaient jusqu'à un certain point de son bon plaisir, et que nul obstacle sérieux ne lui interdisait de se considérer comme le véritable maître de nos maîtres d'alors.

L'habile homme qu'était Bismarck profita merveilleusement de cette terreur provisoire qu'il avait réussi à nous inspirer ; sur-le-champ, il résolut d'inaugurer chez nous tout un programme d'action à longue portée, qui témoignait de sa part, il faut l'avouer, d'une parfaite connaissance de nos défauts nationaux.

Encore est-il juste d'ajouter que ce programme, avec tout le « machiavélisme » dont il s'inspirait, ne nous semble pas avoir revêtu d'emblée la forme d'un plan de bataille minutieusement combiné, et où aucun rôle ne serait laissé au hasard. Plus volontiers nous serions tentés de comparer l'intervention de Bismarck dans notre vie politique et religieuse à ce travail instinctif et obstiné de l'araignée, dont toute la subtilité consiste à tisser insensiblement au bon endroit un vaste réseau de mailles souples où viendra se prendre la victime désignée ; après quoi, il ne reste plus à l'adroit tisseur qu'à guetter les mouvements de la bête captive, et puis à poursuivre sa tâche de telle façon que les moindres essais d'évasion de celle-ci n'aboutissent qu'à l'enserrer plus fortement. Un travail d'araignée, je ne vois en vérité aucune image qui résume mieux les procédés du chancelier allemand à l'égard de la France.

En effet, toute la politique de Bismarck va dorénavant suivre une ligne de conduite immuable, consistant à nous maintenir sous l'influence de cette terreur, par le moyen d'incessantes menaces d'une nouvelle guerre. Mais, pour que ces menaces conservent indéfiniment les mêmes chances de succès, il faut avant tout empêcher la France de reprendre sa vigueur et sa santé anciennes ; à cette fin, rien de plus efficace que de surveiller attentivement nos divisions intérieures, et de tâcher de jour en jour à les envenimer.

Ce programme ingénieusement conçu et préparé, le chancelier ne se croyait pas même tenu à le garder secret. Volontiers il expliquait à ses confidents comment il entendait agir à l'égard de la France. « Toute ma politique, dira-t-il bientôt au prince de Hohenlohe lorsqu'il nommera celui-ci ambassadeur à Paris, est d'entretenir les désaccords de nos turbulents voisins. » Ce qu'il souhaitera à la France, suivant sa propre expression, sera « une république et des troubles à l'intérieur ». Ainsi que nous l'explique M. de Gontaut-Biron, ambassadeur de France à Berlin : « Sa volonté était de tout faire pour maintenir chez nous le régime républicain, comme étant le plus propre à entretenir les divisions et à empêcher le pays de se relever. » Toutes choses que Bismarck nous confirme lui-même en avouant son effort à « empêcher en France la consolidation des forces gouvernementales ». A telles enseignes qu'il ne veut ni du comte de Chambord, qu'il appelle « l'homme de paille des papistes », ni d'un Bonaparte, dont il redoute l'avènement pour toute sorte de motifs divers, et notamment en raison du « cléricalisme » de l'impératrice Eugénie.

La vérité est que, pour lui, royauté ou empire représentaient une forme de gouvernement capable de procurer des alliances à la France, « et par suite, disait-il, de devenir un danger pour nous », tandis que la République signifiait, selon lui, l'isolement perpétuel de notre pays au milieu de l'Europe. Aussi sa crainte passionnée d'une restauration monarchique française allait-elle jusqu'à lui faire prendre en haine deux hommes qui avaient le tort de ne point partager ses idées à ce sujet, sans compter l'autre tort qu'ils avaient de jouir d'une faveur marquée auprès de l'empereur Guillaume et de l'impératrice Augusta. Ces deux hommes étaient le comte d'Arnim, qu'il avait nommé lui-même ambassadeur d'Allemagne à Paris, et le marquis de Gontaut-Biron, ambassadeur de France à Berlin. Ni à l'un, ni à l'autre, Bismarck ne devait jamais pardonner d'avoir osé, durant la période qui avait suivi la reprise des relations diplomatiques entre les deux pays, entretenir chez les souverains allemands la pensée d'une restauration monarchique de notre pays.

Et ce n'était pas seulement la république que Bismarck voulait pour la France : il voulait encore une certaine république, dont il escomptait par avance l'action néfaste. En septembre 1873, le prince Orloff, ambassadeur de Russie à Paris, rapportait à M. de Broglie : « M. de Bismarck ne m'a pas dissimulé son animadversion pour la famille des Bourbons. Il aurait quelque goût pour le régime bonapartiste ; mais, en fin de compte, ce qu'il préfère pour vous, c'est une *république dissolvante.* » Je souligne à dessein ces deux derniers mots, car ils résument à merveille le sentiment du chancelier, et nous expliquent le mieux du monde une nombreuse série de ses actes publics ou secrets au lendemain de l'année terrible.

J'ajouterai que Bismarck était admirablement renseigné sur l'état moral de la France. Il savait que notre pays était travaillé par les loges maçonniques, et que nulle part sans doute autant que sur la terre de France les enfants d'Hiram n'avaient l'espoir de réussir à écraser les traditions chrétiennes. Il savait aussi que, au contraire de ce qui se passait en Allemagne, où les loges maçonniques étaient relativement respectueuses du pouvoir établi, les loges françaises étaient animées d'un esprit de rébellion aussi bien à l'égard des traditions politiques qu'à celui des croyances religieuses. De telle sorte que notre grand ennemi trouvait là un terrain éminemment favorable à la réalisation de ses vues politiques.

Il est vrai que les hommes nouveaux sur le républicanisme desquels il aurait pu le plus compter étaient alors, avec cela, d'ardents patriotes. Ils parlaient ouvertement de revanche, ne cachaient pas leur ambition de reprendre l'Alsace-Lorraine. Mais, sous ce patriotisme, d'ailleurs très sincère, l'ancienne passion antireligieuse persistait ; et le profond psychologue qu'était Bismarck ne l'ignorait pas. Il n'y avait qu'un moyen, mais celui-là infaillible, d'arracher la France républicaine à ses rêves d'action extérieure : un moyen consistant à faire naître chez elle des luttes intérieures, en ravivant au cœur des chefs du parti républicain cette haine de l'Église que la haine du Prussien vainqueur risquait momentanément d'y assoupir. Bien vite, il fallait organiser chez nous une violente campagne anticléricale, qui aurait en outre l'avantage de servir de prélude à un grand *Kulturkampf* international.

Ce que l'on appelait alors en France les « prétentions ultramontaines » excitait le courroux des loges maçonniques ; aussi tâchaient-elles, ces dernières, à établir un courant d'opinion contre ces prétentions, les montrant hostiles à la République et tout au désir de courir au secours du Souverain Pontife, dépossédé des États pontificaux par les Italiens. Bismarck, que blessent jusqu'au plus profond de son orgueil et la légitime indignation des catholiques français devant l'événement accompli par delà les Alpes — puisque lui-même est en train de batailler contre le Saint-Siège, — et leur chevaleresque enthousiasme à soutenir l'illustre vieillard vaincu, s'empresse d'attiser de si précieux germes de discorde.

Dans ses *Pensées et Souvenirs*, nous trouvons l'aveu explicite de sa participation à nos luttes religieuses : « Des sommes destinées à faire défendre notre politique dans la presse française, et qui s'élevaient à 6.000 ou 7.000 thalers, étaient employées par l'ambassadeur, M. d'Arnim. » Et quant à ce que représentait cette « politique » que l'agent de Bismarck était ainsi chargé de « défendre » chez nous, là-dessus aucun doute ne saurait être possible. Une partie des fonds distribués par Arnim servait bien à propager discrètement, dans les journaux d'alors, l'idée d'une résignation plus ou moins définitive à l'abandon de l'Alsace-Lorraine ; mais la plus grosse part, incontestablement, était destinée à créer dans notre presse une active propagande anticléricale. Aussi bien la collection des journaux du temps nous fait-elle assez voir avec quelle adresse méthodique une main invisible multiplie des articles ou de simples notes, toute une série de véritables appels à la guerre religieuse.

En 1872, notamment, paraît à Mâcon une curieuse brochure, intitulée : *La Revanche*, et signée L. G., qui est immédiatement « distribuée dans les cénacles démocratiques et les loges maçonniques (1) ». Cette brochure est assez significative des idées que l'on cherchait à faire pénétrer dans les masses pour qu'il vaille la peine d'en reproduire tout au moins quelques passages :

Chaque jour, l'on entend mettre en avant l'idée de revanche :
Par nos militaires de profession qui désireraient trouver dans de nouveaux combats l'occasion de venger des revers immérités, d'acquérir, au prix de leur sang, avantages, décorations, pensions ;
Et aussi par nos cléricaux qui, paraît-il, ne sont point satisfaits des résultats obtenus dans le dernier conflit ; moins à cause des désastres de la patrie que parce que, à l'encontre de leurs prévisions, l'événement tourne au triomphe du protestantisme sur le catholicisme, de la république sur la monarchie. Parmi les plus mécontents d'entre eux, l'on remarque les Pères Jésuites à la fois irrités des procédés sommaires de M. de Bismarck à leur égard et désireux de rentrer en Allemagne à la suite de notre armée, dont ils se proposent sans doute de bénir les étendards et de renforcer l'arrière-garde avec l'appoint de cent mille pèlerins de Lourdes et de la Salette.
... L'esclavage, la guerre et l'ignorance, ces trois piliers du trône et de la misère, font la force des rois ; mais ce qui fait la force des peuples, c'est la liberté, la paix et l'instruction.
... M. de Bismarck met la Prusse qui chasse les Jésuites à la tête de la civilisation, et vaut à la France qui les recueille l'hostilité de tous les hommes qui voient dans les robes noires les ennemis de toute liberté, de tout progrès.

A quoi les feuilles allemandes du parti « national-libéral » s'empressent de faire écho, en représentant notre droite conservatrice comme une vaste « congrégation », une conspiration permanente contre l'esprit

(1) Citée par M. H. Galli. *Gambetta*, pp. 35 à 38.

moderne, représenté par l'empire allemand. Elles montrent la France vouée à une politique ultramontaine, qui ne saurait manquer de lui être fatale. Tout le parti conservateur français constitue, à les en croire, un danger pour la France, qu'il conduit à la guerre, et pour l'Europe entière, qu'il risque d'infecter de son cléricalisme.

Campagne éminemment « simpliste », au point de nous paraître aujourd'hui à peu près inoffensive. Mais en fait cette campagne, au moment où elle se produisait, attestait, elle aussi, la subtile habileté politique de son instigateur. Insensiblement, elle tendait à rétablir le contact entre la démocratie française et le protestantisme allemand sur un point capital : la guerre à l'ultramontanisme ; sans compter d'autres résultats plus lointains, et notamment le contre-coup espéré de cette campagne allemande sur notre vie politique et religieuse française.

Car il va de soi que les journaux avancés de chez nous s'empressèrent de reproduire les articles susdits des journaux allemands, en y joignant toute sorte de commentaires qui en exagéraient la signification. Chaque jour, désormais, monarchistes et cléricaux furent dénoncés en bloc au pays comme les plus dangereux ennemis du bien public. De telle sorte que la foule des républicains naïfs et sincères, à force de lire tous les matins et tous les soirs que les monarchistes, en leur qualité de cléricaux, nous menaient tout droit à une intervention armée en faveur du Souverain Pontife, cette foule de braves gens, assez tièdes catholiques, se mirent naturellement à craindre et à détester de tout leur cœur un parti capable de les exposer à de si graves ennuis. Pas un qui ne fût désormais persuadé que le monarchisme représentait la guerre, — cette guerre qu'ils venaient déjà de voir à l'œuvre, et dont le retour les faisait trembler.

XXIII — L'ANTICLÉRICALISME « MADE IN GERMANY »

Leur inquiétude s'accrut encore après la chute de Thiers et l'élection du maréchal de Mac-Mahon à la présidence, lorsqu'ils apprirent que Bismarck regardait ce changement sous un jour défavorable. Et Bismarck, en vérité, ne se faisait pas faute de nous faire connaître son opinion à notre sujet, en prenant soin de nous apprendre qu'il distinguait de plus en plus, chez nous, l'élément catholique et monarchiste, tenu par lui pour suspect, de l'élément républicain et anticlérical, synonyme à ses yeux de sécurité et de paix. Son homme de paille, Henckel de Donnersmarck, l'ancien préfet de Metz, le mari de la Païva, somptueusement installé à Paris, était expressément chargé par lui « d'amadouer les républicains, de les aider dans leur lutte contre la droite et contre Mac-Mahon, de persuader à Gambetta, au héros de la défense nationale, que toutes ses préférences chez nous étaient pour la République ».

En nous rapportant ces confidences, qu'elle tenait d'un ami désigné par elle sous le nom de « Talisman », Mme Juliette Adam ajoute (1) :

Je transmets à Gambetta les dires du Talisman :
— Profitons des bonnes dispositions d'où qu'elles viennent, me répond Gambetta. La République, lorsque nous l'aurons en main, trouvera des alliances tout aussi bien qu'une monarchie, quoi qu'en pense Bismarck. En attendant, bénéficions, s'il se peut, de son goût pour la République.
— Admettre que Bismarck ait du goût pour la République comme il en a eu à un moment pour Napoléon III, tandis qu'il nous applaudissait secrètement de le combattre, c'est attirer sur notre parti le mauvais sort. Il faut que Bismarck déteste la République pour que j'aie foi en elle. Si je croyais que la République entre dans les combinaisons de Bismarck, et que, par conséquent,

---

(1) *Nos amitiés politiques avant l'abandon de la Revanche*, par Mme Juliette Adam, pp. 16 et 17.

elle n'est plus la revanche, la certitude absolue de reconquérir l'Alsace et la Lorraine...
— Alors ?
— Je ne la servirais pas.
— Je vous croyais d'abord républicaine ?
— Non... d'abord française, puis passionnée de liberté, puis républicaine !
— Et toujours, partout, hors des rangs, ajoute Gambetta, non sans impatience.

Ainsi, à ce moment, l'idée d'une protection occulte de Bismarck n'effraie plus les purs républicains, les dirigeants du parti, ceux qui étaient « dans les rangs ». Gambetta lui-même, on le voit par le récit de Mme Adam, estimait dorénavant tout au moins « opportun » de ne pas regimber contre la pensée d'une telle protection, cette pensée qui eût révolté en lui, quelque temps auparavant, l'apôtre passionné de la revanche.

La toile d'araignée habilement tendue par Bismarck n'avait plus maintenant qu'à se resserrer autour de sa proie. L'une des premières manœuvres tentées à cet effet par le chancelier fut d'entremêler très étroitement à sa lutte intérieure contre le parti catholique cette lutte contre l'Église tout entière pour le début de laquelle notre pays lui était apparu un terrain de choix. Par une sorte de répercussion réciproque de sa politique intérieure et de sa politique extérieure, le grand homme d'État prussien acheva tout ensemble d'exciter l'opinion allemande contre le parti catholique français et de prouver aux républicains français amis de la paix qu'un gouvernement de droite, en raison de ses aspirations catholiques, conduirait infailliblement la France à une guerre avec l'Allemagne, puisque celle-ci ne manquerait pas de considérer comme une provocation à son endroit toute tentative française en faveur du Saint-Siège.

Il semble même que Bismarck ait fini par se convaincre sincèrement de la réalité de la légende qu'il avait créée. Le fait est que, aux environs de 1873, son irascibilité naturelle aidant, nous le voyons tout prêt à croire pour son propre compte que les nations et les ministères des autres pays constituent un danger pour l'Allemagne dans la mesure de leurs sympathies envers l'Église catholique.

Si la chute de Thiers l'émut, nous rapporte l'érudit M. Georges Goyau, c'est parce qu'il estimait que les droits monarchiques en France impliquaient un raffermissement de l'élément ultramontain, hostile à l'Allemagne. Il craignait que les hommes de droite amenés au pouvoir par le 24 mai, et que le roi de France, auquel peut-être ils allaient frayer les voies, n'intervinsent en Italie pour Pie IX, à l'instigation de la Compagnie de Jésus; il avait de savantes façons d'apeurer Guillaume, qui témoignait devant Gontaut-Biron certaines inquiétudes au sujet des pèlerinages de Paray-le-Monial; tout soubresaut du catholicisme français apparaissait à Bismarck comme une offense personnelle, et la catholique *Gazette de la Poste* d'Augsbourg signalait le « système de mensonges qu'avait organisé la presse nationale-libérale contre le nouveau gouvernement français, qualifié de gouvernement des Jésuites ».

Saint-Vallier, à la fin d'août 1873, apprenait de Monteuffel que le chancelier accusait le clergé allemand de mendier l'appui de la France, et le gouvernement français de soutenir sous main la résistance du clergé catholique alsacien : il semblait qu'on préparait contre notre pays les éléments d'un procès, qui risquait d'être sanglant ; un mandement patriotique qu'avait publié à la fin de juillet l'évêque Foulon, de Nancy, était retenu par le cabinet de Berlin comme pièce à conviction. Dès le début de septembre, le comte Wesdehlen, chargé d'affaires de l'Allemagne, attirait verbalement sur ce document l'attention du duc de Broglie ; le comte d'Arnim, quelques semaines plus tard, était invité à demander que l'évêque de Nancy fût blâmé publiquement, et la plainte orale que le 16 octobre Arnim adressait au duc de Broglie, au sujet « des provocations commises par les fonctionnaires en vue, aussi bien temporels que spirituels », montrait au cabinet de Paris que le péril allait grossissant.

Le péril n'était pas mince, en effet. Mis en fureur par les résistances de l'Église d'Allemagne, le chancelier faisait peu à peu de la lutte contre Pie IX la tâche essentielle de la diplomatie allemande, et lui subordonnait peu à peu toute la politique de l'empire. D'autant plus que les foules catholiques allemandes se dressaient, invaincues, en face de sa volonté de fer, qu'elles tenaient en échec. « Le mouvement catholique gagne du terrain, lui criait le feld-maréchal Manteuffel ; nos coups d'épingle agacent sans tuer. » Et donc Bismarck, au lieu de s'en prendre à soi-même, regardait du côté de la France, roulait des yeux terribles, et faisait entendre des paroles qui ressemblaient à des coups de tonnerre.

Sa colère atteignait son paroxysme lorsque, en novembre 1873, une dizaine de mandements d'évêques français se permirent de répéter et de commenter les griefs du Souverain Pontife contre lui. Deux des plus illustres entre ces prélats, notamment, NN. SS. Freppel, évêque d'Angers, et Plantier, évêque de Nîmes, s'étant montrés justement sévères à l'égard des persécutions allemandes et de ceux qui les ordonnaient, la presse bismarckienne s'empressa d'exploiter leurs paroles non seulement contre les catholiques d'Allemagne, qu'elle traitait de « complices de l'ennemi national », mais aussi contre la France, qu'elle accusait de vouloir la guerre. Notre ambassadeur à Berlin, M. de Gontaut-Biron, eut fort à faire pour adoucir cet accès de mauvaise humeur qui menaçait de dégénérer en provocation ouverte.

Tout de suite, d'ailleurs, le gouvernement français invita les évêques « à s'abstenir par prudence et par patriotisme d'apprécier et de condamner publiquement les actes des souverains étrangers ». Mais ce n'était point là ce que souhaitait Bismarck. Il n'avait cure, au fond, de cet acte de courtoisie déférente du gouvernement du maréchal, et volontiers sans doute il l'aurait empêché, ayant grandement besoin de maintenir dans toute sa force l'épouvantail d'une France belliqueuse. Du moins se hâta-t-il de détruire l'effet de la mesure trop pacifique du ministère français, en faisant répandre autour de lui le bruit que la France, avec ses aspirations catholiques, allait peut-être acculer l'Allemagne à une nouvelle guerre.

Sur quoi notre presse anticléricale et nos loges maçonniques, accoutumées à juger le chancelier sur ses paroles, ne cachèrent pas leur allégresse. Elles possédaient donc, enfin, un argument sérieux, un argument terrible, contre le cléricalisme devenu un péril national ! Pas un instant elles ne se demandèrent si, d'aventure, le chancelier allemand n'avait pas quelque intérêt personnel à mener tant de tapage autour d'une question qui se trouvait déjà résolue en fait. Aussitôt les unes et les autres se mirent à accentuer leur partie dans ce concert de haine contre l'Église catholique que Bismarck menait de son côté avec une si vigoureuse maîtrise. Et l'on entend bien que leur sympathique écho ne laissa pas d'être agréable au chancelier, dont l'animosité envers la France catholique venait encore d'être stimulée par le triomphe des « ultramontains » dans les récentes élections allemandes.

Ces élections avaient eu lieu le 10 janvier 1874 ; et, dès le 13, le chancelier reprenait aigrement l'offensive contre les évêques français. « Les attaques qui nous viennent de la France, disait-il à M. de Gontaut-Biron, ont une gravité exceptionnelle, parce qu'elles agissent sur des sentiments mal éteints, et parce qu'elles sont un encouragement à des résistances dont nous voulons avoir raison à tout prix. » Il exigeait à tout prix le châtiment des évêques incriminés ; puis, ayant sans doute songé que le nombre importait peu, et qu'une seule condamnation pourrait suffire à servir ses projets, il désignait comme le bouc émissaire Mgr Plantier, évêque de Nîmes.

Mais il se trouvait que, chez nous, le ministre des Affaires étrangères n'était pas disposé à accueillir une telle sommation. Et il y avait à ce refus du duc Decazes l'excellente raison que, la majorité parlementaire représentant à la fois, chez nous, selon le mot très juste de M. Goyau, « les aspirations de la France au relèvement et les susceptibilités religieuses du pays », cette majorité n'eût pas admis que Mgr Plantier fût déféré au Conseil d'État. « Le chancelier, écrivait le duc Decazes à M. de Gontaut-Biron, prétend nous entraîner de force à le suivre dans sa croisade contre l'Église. Nous ne discutons pas, nous restons en place. »

Que le gouvernement français « restât en place », c'était précisément ce que Bismarck ne pouvait pas tolérer. Ne venait-il pas de disgracier avec éclat l'ambassadeur d'Allemagne à Paris, Arnim, coupable à ses yeux « de n'avoir pas réussi en France et de s'en être plaint trop haut » ? De plus en plus l'attitude de la France conservatrice l'irritait. Il répétait volontiers : « Les Français croient qu'ils seront prêts dans cinq ans à recommencer la guerre, et, cette fois, à nous vaincre. Mais nous les aurons attaqués auparavant. » Le prince Orloff, de son côté, citait au duc Decazes ce propos du chancelier : « La France réorganise trop vite le personnel et le matériel de son armée. Pour peu qu'elle continue, nous serons forcés de nous donner une garantie, une place de sûreté ; nous occuperons Nancy. »

Le 15 janvier 1874, le chancelier prenait la peine

d'écrire à tous les représentants de l'Allemagne à l'étranger que, pour désireux qu'il fût de la paix avec la France, il se réservait, s'il sentait la guerre inévitable, d'en choisir lui-même le moment. Et tout de suite, pour appuyer sur l'apparence d'un motif cette notification imprévue, il alléguait que « la France deviendrait l'ennemie jurée de l'Allemagne, du jour où elle s'identifierait avec la Rome papale, antagoniste de l'empire. » Il ajoutait « qu'une France soumise à la théocratie était inconciliable avec la tranquillité du monde, et qu'en rompant avec l'ultramontanisme la France fournirait la plus sûre garantie pour la paix de l'Europe ». Secrètement et ouvertement, comme on le voit, Bismarck affirmait son intention de décatholiciser notre pays. Une France catholique lui apparaissait, — et d'ailleurs à juste titre, — l'équivalent d'une France forte, pourvue de la double puissance morale et matérielle.

Aussi toutes ces insinuations et toutes ces menaces du chancelier allemand, répercutées à Berlin par la presse officieuse, ne pouvaient-elles manquer d'être soigneusement exploitées, chez nous, par les ennemis plus ou moins désintéressés de l'Église. Bientôt l'opinion française apprit à les tenir pour un ultimatum. La Bourse de Paris s'émut ; les journaux de gauche se mirent à harceler le ministère. *L'Opinion Nationale*, entre autres, réclama la punition de Mgr Plantier, ou, tout au moins, un avertissement aux journaux qui reproduisaient les dangereux mandements épiscopaux. De telle sorte que, lorsque l'*Univers* du 18 janvier publia une nouvelle lettre pastorale de Mgr Dabert, évêque de Périgueux, animée du même esprit religieux et patriotique, le gouvernement français lui-même crut devoir renoncer à la noble attitude adoptée naguère par le duc Decazes.

L'Univers fut suspendu pour deux mois, et un discours prononcé le surlendemain à la Chambre par le ministre des affaires étrangères acheva d'accentuer la portée conciliante, pacificatrice, de cette mémorable mesure. Décidément l'orage que l'on craignait se trouvait écarté, et Bismarck en était pour ses frais d'intimidation. Mais le baromètre bismarckien n'en continuait pas moins à marquer la tempête ; et c'était maintenant le jeune Bülow qui, aux côtés du chancelier, répétait hargneusement : « Il nous faut autre chose, une autre preuve que la France ne veut pas la guerre. » — Ce qu'il « leur fallait », sans doute, c'était que la France emprisonnât ses évêques et licenciât son armée.

Heureusement les puissances étrangères avaient eu l'intuition de la comédie jouée par Bismarck. Elles n'avaient pas tardé à comprendre laquelle des deux parties, France ou Allemagne, tenait en réalité le rôle provocateur dans toute l'affaire. Si bien qu'elles accueillirent avec une froide réserve les ouvertures du chancelier touchant les mauvaises intentions qu'il nous prêtait. Le cabinet de Saint-Pétersbourg alla même plus loin, et nous témoigna la plus franche bienveillance. Rencontrant à Berlin son collègue français Gontaut-Biron, le vieux prince Gortschakof lui disait, à propos de Bismarck : « Il ne peut pas vous faire la guerre en ayant contre lui l'opinion morale de toute l'Europe, et il l'aurait sûrement. »

Mais cette opinion morale qui, dans toute l'Europe, — sauf cependant la Turquie, — se détournait de Bismarck et déjouait ses manœuvres, se trouva neutralisée, pour notre grand dommage, par la collaboration que rencontra le chancelier dans une partie de l'opinion française : le parti qui prenait son mot d'ordre dans les loges maçonniques. Ce fut entre elle et le chancelier comme un concours d'anticléricalisme, une ardente et monstrueuse rivalité, où chacun des deux rivaux travaillait à gagner pour son pays la réputation d'avoir le mieux travaillé à la ruine du catholicisme. Chaque coup de Bismarck contre l'Église de Rome apparaissait à nos anticléricaux français comme un vol commis à leur endroit, le détournement d'un rayon de notre gloire nationale. Aussi bien était-ce déjà dans ce sens que le pasteur de Pressensé avait écrit en 1872, à propos de la loi bismarckienne sur l'inspection scolaire : « Cette loi atteste le caractère laïque de l'État, surtout par les commentaires que le prince chancelier lui a donnés dans les débats législatifs. Il s'est posé nettement comme le champion de la société civile en face de l'ultramontanisme... S'il nous dérobait, même en l'atténuant, la grande idée de la sécularisation de l'État, il nous prendrait notre meilleure gloire et notre plus sûr moyen d'influence en Europe. »

Ainsi posé, le problème, déjà profondément dangereux en soi, de l'anticléricalisme allait naturellement s'aggraver, pour nous, de toutes les excitations où devait l'entraîner l'idée de concurrence. A l'exemple de M. de Pressensé, la plupart des hommes de gauche avaient à cœur de ne pas se laisser distancer par Bismarck dans l'accomplissement d'une mission philanthropique, où d'ailleurs il ne leur déplaisait pas d'avoir pour émule le puissant chancelier.

Et Bismarck, on l'entend bien, n'ignorait rien de tout cela. Gambetta et ses amis, qui d'abord lui étaient apparus les représentants détestés du patriotisme français, commençaient dorénavant à devenir pour lui quelque chose comme des alliés, des compagnons précieux dans la grande lutte contre Rome. Ce qu'il faut à l'Allemagne, — écrivait en juin 1874 Lefebvre de Behaine, parfaitement informé de ce qui se passait de l'autre côté des Vosges, — c'est le triomphe du radicalisme, parce que tout ce qui n'est pas cela paraît entaché d'esprit clérical et de l'ensemble d'idées à l'écrasement duquel se sont voués les hérauts du *Kulturkampf.* Les républicains devraient voir qu'ils sont considérés par les Allemands comme d'utiles auxiliaires pour compléter la victoire que les armées germaniques ont remportée sur la France.

Mais les républicains ne voyaient pas, ne voulaient pas voir, cette vérité évidente. Dans les premiers jours de ce même mois de juin, Gambetta, adoptant délibérément le programme anticlérical, s'écriait à Auxerre : « Le plus grand danger qui nous menace est le cléricalisme ! » Et Spuller, qui accusait Paul Bert d'exciter l'illustre tribun, faisait cette réflexion à Mme Juliette Adam : « La puissance d'assimilation de Gambetta, certes, est une puissance, mais elle est aussi un danger, lorsque ceux qui l'entourent sont dans le faux. »

On comprend sans peine que Bismarck, tout en tenant encore pour insuffisantes ces premières grandes démonstrations de l'anticléricalisme français, se soit empressé de profiter du moins des divisions qu'elles semaient chez nous, pour harceler plus vivement encore le gouvernement du maréchal. N'est-ce pas Gambetta lui-même qui, le 9 septembre 1874, écrivait prophétiquement à Mme Adam : « L'inquiétude que jette dans tous les cabinets le désarroi de la lutte anarchique des partis en France permet au terrible adversaire de Berlin de nous presser de plus près, en attendant qu'il fasse un suprême effort pour arracher encore un lambeau de la patrie. Vous ne pouvez vous imaginer à quel degré d'insolence et d'exigence arrive cet homme ! » Le mois suivant, la même plainte reparaît dans une autre lettre de Gambetta : « On sent que

Bismarck tâte de tous les côtés pour trouver une cause de conflit. Il remue la Serbie et les principautés, et la question d'Orient pourrait bien surgir avant peu. Il négocie avec le Danemark et il menace la Hollande. Il nous attend et nous surveille dans les Pyrénées, il nous joue en Italie, il nous humilie en Suisse ; il nous nous subalternise en Égypte. Les dernières manœuvres de l'armée allemande en Alsace-Lorraine ont un caractère d'entrée en campagne, et les troupes qui y ont figuré sont échelonnées avec tout leur matériel de guerre offensive de Trèves à Mulhouse. » Et voilà que, en novembre, la clairvoyance de Gambetta aggrave encore son alarme ! Cette fois, il reproche expressément au chancelier de se mêler de nos affaires intérieures : « Je persiste à croire que la main de Bismarck s'est entremise dans nos affaires. Le secret de ses pratiques n'est pas une de ses moindres forces, et il sait la garder. »

Cette clairvoyance momentanée de Gambetta s'explique-t-elle par la notion qu'avait alors le tribun de l'imminence d'une crise internationale ? On sait, en tout cas, combien peu il s'en est fallu, au printemps de 1875, que Bismarck ne mît sérieusement à exécution ses menaces de guerre. Prenant pour prétexte le vote, chez nous, d'un quatrième bataillon par régiment, le vieux chancelier, activement aidé par son compère Moltke, achevait les derniers apprêts d'une invasion nouvelle, en même temps que tous les journaux proclamaient bruyamment la nécessité de « nous reprendre Belfort et de nous imposer dix milliards de rançon ». Heureusement, comme on le sait aussi, l'amicale intervention d'Alexandre II à Berlin a bientôt contrecarré ces projets belliqueux, et nous a tirés de la situation la plus dangereuse que nous ayons traversée depuis quarante-quatre ans.

Or, à peine ce gros nuage qui passait sur nous s'était-il dissipé que, soudain, le patriote Gambetta, celui-là même qui naguère découvrait et redoutait la mainmise de Bismarck sur nos affaires intérieures, a complètement modifié sa façon de penser à l'égard du chancelier. « Nos craintes étaient excessives, confiait-il désormais à Mᵐᵉ Adam. Decazes a fait un peu de fla-fla ; Le Flô et Gortschakof, du zèle : mais Bismarck, je le sais de source sûre, n'a jamais eu l'intention d'attaquer la France. » Et depuis lors, Gambetta commence à parler volontiers d'entreprises coloniales, négligeant cette idée de revanche qui l'avait possédé tout entier depuis l'année terrible. Un changement profond se manifeste dans son attitude, profond et inexplicable, jusqu'au jour prochain où le mystère se trouve plus ou moins éclairci. Bientôt, en effet, Mᵐᵉ Juliette Adam apprend que Bismarck « fait faire de grandes avances à Gambetta par l'intermédiaire de son agent officieux Henckel ». Et vers le même temps, Louis Blanc, qui ne sait rien de ces relations nouvelles de l'ex-apôtre de la revanche, laisse échapper la réflexion suivante : « L'opportunisme m'inquiète, quoi que vous en pensiez, non seulement en politique, mais en patriotisme. Je ne sais pourquoi, j'ai l'idée que l'infernal Bismarck trouvera, par un homme ou par une femme, une issue vers Gambetta. »

Oui, c'est chose certaine que « l'infernal Bismarck » a toujours cherché et trouvé une « issue » vers les hommes qui préparaient alors l'avenir de notre politique intérieure française; et que toujours l'objet de cette « issue » a été de créer ou de stimuler chez nous cette lutte contre l'Église que le chancelier considérait à bon droit comme une source incomparable d'affaiblissement de notre énergie nationale. Il faut voir, dans les témoignages contemporains, avec quelle habileté le grand ennemi de la France a procédé à ce sourd travail de décomposition, embrouillant si bien les deux idées d'anticléricalisme et de républicanisme qu'une foule de braves gens de chez nous ne tardèrent pas à être persuadés du danger que constituait pour la République le maintien dans l'âme populaire des croyances religieuses. Aussi bien la toile d'araignée patiemment tissée par Bismarck se trouvait-elle déjà presque terminée à cette date de 1875, où le prochain triomphe des gauches apparaissait dorénavant inévitable aux yeux de tout observateur pénétrant. Grâce à l'adresse machiavélique du chancelier, ce triomphe des gauches équivalait dès lors à celui de l'anticléricalisme ; et Gambetta pouvait hardiment prononcer devant toute la France républicaine la formule célèbre, imaginée jadis par Peyrat et maintenant devenue classique : « Le cléricalisme, voilà l'ennemi ! »

C'est également ce que proclamait Challemel-Lacour, en définissant ainsi le programme de la susdite république : « Nos ennemis sont cléricaux ; il faut combattre le cléricalisme, aller jusqu'au bout de ce combat, ou être jeté hors des rangs du parti. » Et non moins caractéristique nous apparaît le dialogue suivant, rapporté, lui aussi, par Mme Adam. Nous sommes au commencement de l'été de 1875. Littré et Jules Ferry viennent d'être reçus en grande pompe membres de la franc-maçonnerie. Mme Adam pose cette double question à Challemel-Lacour et à Gambetta :

— L'importance que vous donnez à l'entrée de Littré et de Jules Ferry dans la franc-maçonnerie cache-t-elle un plan ? Est-ce avec la franc-maçonnerie que vous allez combattre le grand combat contre le cléricalisme ?
— Oui ! répondent, d'une seule voix, les deux hommes d'État.

Tout cela dit, on comprend sans peine comment les

élections de 1876, qui amenèrent définitivement chez nous la gauche au pouvoir, furent considérées par l'opinion allemande comme une victoire de l'anticléricalisme. « Ce qui frappe les Allemands, — écrivait M. de Gontaut-Biron au duc Decazes le lendemain de ces élections, — c'est la défaite du cléricalisme, de ce spectre noir que les hommes d'État allemands s'efforcent de représenter comme un objet d'épouvante. » La *Post* du 9 avril observait : « Le peuple français, en se décidant pour la république, n'a le choix qu'entre deux partis : accepter la théocratie papale ou bien délivrer la nation des chaînes dans lesquelles la retient le clergé. La France paraît être entrée dans la seconde voie, et cela lui prépare une communauté d'idées avec nous, qui peut devenir pour elle la source d'une paix inébranlable. »

Quelques jours après, Thiers, causant avec le prince de Hohenlohe, émettait expressément l'idée que la communion des deux pays dans la lutte contre l'ultramontanisme « offrait une garantie pour la durée de leurs bons rapports ». Et cependant ce même Thiers, en octobre de la même année, ne cachait pas à Mme Adam sa fureur indignée contre les anticléricaux : « Toutes vos luttes contre Rome, s'écriait-il, vous sont inspirées par Bismarck, qui veut broyer la papauté, le seul pouvoir qu'il n'ait pas réussi à dominer en Europe ! »

Le 27 janvier 1877, Gambetta, soumettant à Mme Adam certaines perspectives politiques, lui disait : « On pourrait gagner l'Allemagne en entrant en relations avec elle par des agents secrets capables de lui faire accepter des vues communes pour la lutte qu'elle a entreprise contre l'ultramontanisme. » Et tel était bien, en effet, le programme définitif du tribun opportuniste, si bien que, vers le même temps, Windthorst, le vaillant chef du centre allemand, notait le parallélisme d'action parfait, en matière religieuse, entre la presse gambettiste et la presse bismarckienne.

Aussi bien Windthorst n'était-il pas seul à connaître les relations qu'il affirmait engagées dès lors entre Gambetta et le chancelier allemand. Jusque parmi les familiers du tribun français, certains commençaient à s'effaroucher de l'intimité de celui-ci avec l'homme à tout faire de Bismarck, Henckel de Donnersmarck, qui le recevait régulièrement à sa table. Le fidèle Spuller confiait, en octobre 1877, à Mme Adam, que Gambetta « liait partie avec la politique de Bismarck, notamment à propos d'anticléricalisme ». A quoi Mme Adam répliquait :

— Voyons, Spuller, se peut-il que l'homme de la revanche, le héros de la défense nationale négocie avec Bismarck, à moins qu'une hallucination l'égare et lui fasse entrevoir la possibilité de retrouver l'Alsace-Lorraine... par Bismarck ?
— Non, non, s'écrie Spuller, le sacrifice est consommé dans l'esprit de notre chef. La politique en lui domine le patriotisme à cette heure. « L'opportunisme » a présidé à ces négociations. Gambetta veut à tout prix arracher la République des mains de nos adversaires, oui, à tout prix ! et Bismarck croit avoir intérêt à nous donner la République, puisqu'il a la possibilité par là de désarmer la défense nationale. La politique « des résultats immédiats », la voilà ! Bismarck, je l'ai entendu de la bouche de Gambetta, veut la République en France ! Je sais que le chancelier de fer a brisé d'Arnim parce que celui-ci travaillait au retour de la monarchie avec les gens du 24 mai. Bismarck est logique : il vient aux républicains anticléricaux, qui feront, il n'en doute pas, la besogne qu'il a faite si mal avec son Kulturkampf. Et puis, il juge d'autre part que les républiques, en ce siècle, sont des gouvernements de paix extérieure et de luttes intérieures qui passionnent les partis et les neutralisent.

Quelques jours après, Spuller complète ses confidences :

Le cauchemar dure, dit-il. Croiriez-vous que ce n'est pas Gambetta qui a peur de se compromettre dans les pourparlers qu'il a sous le patronage d'Henckel avec Bismarck, c'est Bismarck ! Je me suis révolté, mais comme il me parlait de brisure d'amitié si je ne me sentais plus en accord avec lui, j'ai dû l'entendre me dire des choses que je n'ai pas la force de vous répéter, qu'il ferait rappeler Gontant-Biron dès qu'il serait en possession de son influence. Et encore, et encore...

Ah ! ma chère amie, ajoute Spuller, combien de fois vous ai-je dit et répété de ne pas applaudir dans les discours de Gambetta, ses sorties anticléricales ; vous le voyez aujourd'hui : l'anticléricalisme le conduisait à Bismarck, et Bismarck à lui. Vous avez votre part des responsabilités actuelles : je ne l'ai pas. Certes, je suis passionnément républicain ; mais recevoir la république de la Prusse, cela m'épouvante. *Et quant à l'anticléricalisme, ma chère amie, prenons-y garde, il est prussien !*

Et maintenant qu'ajouter ?

Rien d'autre que cette parole prophétique du futur cardinal Vannutelli, qui, en 1876, s'entretenant à Bruxelles avec son collègue, le baron Baude, lui disait : « Si la France se laissait entraîner à l'imitation de la politique religieuse appliquée depuis cinq ans en Allemagne, on verrait M. de Bismarck en profiter avec son habileté ordinaire pour accélérer son évolution, se dégager des embarras que votre pays commettrait l'erreur d'assumer à sa place, et rechercher, à des conditions rendues plus accessibles pour lui par l'état de la France, une réconciliation avec le Saint-Siège. »

Nous avons vu toutes ces choses se réaliser, et d'autres encore ; mais leur véritable origine commence seulement à nous être connue. Du moins l'est-elle déjà suffisamment pour que l'histoire impartiale n'hésite plus à regarder comme un article d'importation allemande cet anticléricalisme qui, depuis trente ans, n'a pas cessé d'affaiblir notre pays, — réalisant ainsi les espérances fondées sur lui naguère par le plus illustre et le plus haineux de nos ennemis, et préparant la voie à l'invasion allemande.

Cette grande invasion s'est produite, voici vingt mois. Pour puissante qu'eût été l'avant-garde qui l'annonçait et la préparait, elle ne l'était cependant pas assez. Elle avait réussi à jeter un masque sur la physionomie de la douce France, cela est vrai ; mais ce n'était qu'un masque. La preuve en est qu'il a suffi aux Germains d'apparaître traîtreusement et brutalement à nos frontières pour que ce masque tombât, et que la France d'autrefois se manifestât de nouveau avec toutes ses qualités de générosité, de dévouement et de noble désintéressement. La sonnerie « au Drapeau », en retentissant d'un bout de la France à l'autre, réalisa ce miracle patriotique : autour du drapeau, tous les Français, sans distinction d'opinion et de croyance, se rangèrent pour le défendre. Ils l'ont tous bien défendu, ils le défendent encore avec un héroïsme qui soulève l'admiration du monde entier. L'union sacrée a effacé toutes les divisions et toutes les discordes intestines semées par l'anticléricalisme.

Certes, je n'irai pas jusqu'à dire que désormais l'anticléricalisme est mort, que le produit « made in Germany » a fait son temps et que nous n'en entendrons plus parler. Ce serait trop beau. Mais j'ai le ferme espoir que maintenant il se trouve chez nous assez de Français éclairés pour vouloir laisser aux Allemands l'usage de leurs tactiques. Au surplus, l'anticléricalisme, par ses façons d'autocrate, par ses persécutions et ses excommunications retentissantes, tient trop du caporalisme prussien pour avoir quelque chance de reprendre solidement pied dans la grande nation libérale qu'est la France.

A tous mes frères d'Alsace-Lorraine qui suivent

avec anxiété les événements et se demandent si, après avoir souffert du militarisme prussien, ils auront à gémir de l'anticléricalisme français, je réponds hardiment ceci :

La France, depuis quarante-cinq ans si effacée, si descendue aux yeux des Allemands, se montre la première nation guerrière dans une lutte qui sera l'une des plus grandes dates de l'Europe et du monde. Après la victoire, la France reconstituée par l'épée, transfigurée par le sacrifice, épurée dans la prière et le creuset de la souffrance, reprendra, à travers le monde, sa mission de soldat du Christ. Le peuple généreux et chevaleresque qui a marché comme un seul homme contre la tyrannie, au nom du droit et de la justice, ne saurait se déjuger en refaisant chez soi de la tyrannie au mépris de tout droit et de toute justice. C'est impossible, cela. L'avenir est à la liberté, et, par conséquent, à la première des libertés : la liberté de conscience !

XXIV

Germanisme et Anticléricalisme [1]

Là-bas, de l'autre côté des Vosges, dans notre chère Alsace-Lorraine encore sous les griffes de la bête fauve, son maître teuton s'emploie de son mieux à embrouiller les diverses questions soulevées par la grande guerre. C'est ainsi que, tout en manifestant bruyamment son impérieuse volonté de garder à jamais l'Alsace-Lorraine, il ne laisse point de donner à entendre à mes compatriotes, et surtout au clergé, tout ce qu'ils risqueraient de perdre, au cas où, par impossible, la malheureuse terre d'empire redeviendrait française. Il va jusqu'à leur dire qu'eux aussi ne manqueraient pas de subir les effets désastreux de la loi de Séparation. Devant les yeux du clergé alsacien, qui jouit de gros traitements et qui exerce, sans contredit, une influence considérable sur tout le pays, aussi bien au temporel qu'au spirituel, l'Allemagne fait passer le tableau lamentable que présentait avant la guerre l'anticléricalisme français. Et cela, en effet, est très habile, sans compter qu'elle aurait beau jeu dans ses entreprises de séduction à la prussienne si la condition du clergé français, pour triste qu'elle fût, en ce temps-là, n'eût été préférable à l'apparente opulence matérielle et spirituelle du clergé allemand.

Gros traitements, grosse influence chez nous; en France, au contraire, misère et boycottage. Voilà ce

[1] 30 avril 1916.

que ne cesse de répéter aux prêtres alsaciens l'esprit tentateur de l'Allemagne. Cela, je le sais de source sûre. Mais ce qu'il évite de dire, et pour cause, c'est que, dans la misère et le boycottage, dont il a souffert réellement, le clergé français a retrouvé la sainte liberté de parler et d'agir, tandis que, dans son opulence, le clergé allemand, s'il ne semble pas l'avoir perdue tout à fait, paraît du moins en grand danger de la perdre.

L'on a attribué à diverses causes la guerre qui ravage présentement le monde civilisé. Les uns n'ont voulu y voir qu'un conflit d'origine exclusivement économique; d'autres ont cru à une entreprise suprême du protestantisme, ayant pour objet de réduire le catholicisme à merci; le plus grand nombre enfin a imputé la sanglante aventure au rêve d'hégémonie mondiale dont est obsédée la formidable et folle Allemagne.

Pour ma part, je suis plutôt tenté, je le confesse, de ne voir, dans la cause initiale de l'effroyable catastrophe, qu'une conséquence naturelle, presque inéluctable de l'évolution de la pensée moderne. Pour s'être heurtée au tempérament propre à chaque peuple, cette évolution a eu des répercussions différentes. Et ceci nous explique d'une manière évidente la différence de traitement qui s'ensuivit pour la religion, selon que l'évolution moderne la rencontrait et s'attaquait à elle chez les nations latines ou chez les Germains.

Que l'on ne s'y trompe pas, en effet : la prétendue religieuse Allemagne officielle n'a point échappé au souffle empoisonné du siècle. La vérité est que, pour avoir travesti l'Évangile, elle a été l'agent le plus actif et le plus coupable de l'erreur. Les choses sont au point qu'elle n'a guère de religion — les événements actuels l'ont bien prouvé — que la façade. Aussi faut-il, d'une main hardie, arracher le masque du mensonge et balafrer le plus profondément possible la face insolente de l'hypocrisie allemande, en attendant que nos ennemis voient eux-mêmes qu'ils ont marché peu à peu à leur ruine et préparé leur propre châtiment. Voilà ce que personne n'a le droit d'ignorer aujourd'hui, et voilà aussi sur quoi il est utile d'appeler l'attention du clergé alsacien-lorrain et de certains catholiques des pays neutres. A dire vrai, le conflit actuel dépasse tout ce que l'imagination humaine peut concevoir de plus osé et de plus terrible. Le moment est grave. L'avenir même de la religion et de son esprit est en train de se jouer sur les champs de bataille. L'Allemagne triomphante, ce serait un désastre sans nom pour l'Église, la victoire de la France et de ses alliés assurera le règne de la liberté et d'\1 droit, et, je l'ose affirmer, de la foi chrétienne.

Pour peu que l'on en doute, il suffit de considérer *grosso modo* l'évolution simultanée des idées et de la manière de vivre, tant en France qu'en Allemagne, au cours des deux derniers siècles.

Sous l'influence à la fois des doctrines philosophiques du xviiie siècle s'attaquant aux dogmes chrétiens, et de la recherche excessive du bien-être matériel, si opposée aux prescriptions de la morale évangélique, la France, avide de liberté et de bonheur, volontiers frondeuse, toujours primesautière, un brin fantasque, et belliqueuse au fond, se mit à quereller Dieu.

Violemment travaillée par ses doctrines à elle (plus dangereuses que les nôtres) et non moins dévorée du besoin de bien-être matériel, dont était atteinte la légère France, l'épaisse Allemagne, éprise de formalisme, de dogmatisme, disciplinée et hiérarchisée à miracle, obéit à ses affinités naturelles en se servant de Dieu au lieu de le servir, ou si j'osais dire, en mobilisant Dieu pour ses intérêts.

De ce double mouvement (celui qui querelle Dieu et celui qui le mobilise) est né le double spectacle que nous avons eu sous les yeux durant le dernier quart de siècle, à savoir une France qui tâchait à déchristianiser la nation, et une Allemagne qui réussissait à nationaliser le christianisme.

Pour le spectateur indifférent, ou simplement non averti, il semble bien que la déchristianisation de la nation, tentée en France, ait été d'un effet incomparablement plus dangereux que la nationalisation de la religion imposée en Allemagne. Mais, pour quiconque y regarde de plus près, c'est le contraire qui apparaît avec la dernière évidence. Attendu que la France est loin d'avoir été atteinte au même degré que l'Allemagne, par l'évolution dont je parlais il y a un instant. Tout le monde, chez elle, n'a pas jeté Dieu par-dessus bord, ainsi que l'espérait le programme officiel. Par contre, tout bon Allemand saturé des doctrines pangermanistes s'est insensiblement habitué à substituer, dans sa conception morale, son moi divinisé au Dieu réel.

La très remarquable étude de M. le chanoine Gaudeau, parue dans *La Foi Catholique* (août-septembre) et reproduite par la *Croix* du 6 novembre 1915, sous le titre de : *Germanisme et Protestantisme*, est bien pour nous éclairer surtout sur ce dernier point. L'éminent théologien y démontre péremptoirement que le germanisme, qui sévit par-delà le Rhin, est une doctrine et un crime tout ensemble, allant jusqu'à tuer dans les âmes qui en sont atteintes toute religion et toute morale. Si bien que ces âmes, quelle que soit leur profession de foi extérieure, cessent d'être religieuses, au fur et à mesure qu'elles substituent le *moi allemand* au Dieu réel, à l'idéal vivant et personnel de vérité et de justice, qui est l'unique objet et l'âme de la religion.

Les faits, est-il besoin de le faire remarquer? ont donné la mesure dans laquelle s'est opérée cette substitution. Toujours est-il que je ne sais pas de plus cruelle et de plus complète négation du sentiment religieux que la terrible histoire de cette guerre, voulue et déchaînée par l'Allemagne. D'autant plus qu'elle montre, dans les moindres détails de sa barbarie organisée, l'État prussien menant au pas de l'oie les âmes aussi bien que les corps, et asservissant les religions au point de les utiliser toutes au mieux de ses appétits.

Des appétits, voilà bien, en définitive, ce que la pensée moderne, sous l'influence des conditions nouvelles de la vie, a mis au jour en France et en Allemagne, avec cette différence toutefois que ces appétits correspondent, dans chacune de ces nations, à son tempérament personnel. Il faut le reconnaître, les appétits de la France n'ont rien de commun avec ceux de l'Allemagne. Tandis que, chez nous, ces appétits restent volontiers idéalistes, alors même qu'ils semblent le plus fâcheusement réalistes, en Allemagne, au contraire, ils sont toujours réalistes sous couleur de l'idéalisme le plus pur.

C'est, au surplus, à cette différence essentielle dans le fond comme dans la forme de leur évolution qu'il est logique d'attribuer la différence de traitement que la religion a subi dans l'un ou l'autre pays. Aussi bien et pour les raisons que j'ai indiquées plus haut, la religion gênait-elle singulièrement cette évolution là comme ici. L'amour du luxe et du bien-être, le goût immodéré des jouissances matérielles, l'ardent désir du lucre s'y accommodaient mal des pures doctrines de l'Évangile.

En France, où l'on est frondeur et où la pensée moderne se complaisait dans des rêves de paix idyllique et charmante, ne comportant que lumière, progrès, liberté, fraternité, égalité, douceur de vivre, elle s'essaya à jeter Dieu par-dessus bord, tout simplement comme l'on jette de côté une chose importune : vous me gênez, donc je vous supprime. En Allemagne, où l'on affiche l'outrecuidance de tout faire scientifiquement, méthodiquement, voire doctrinairement, il en alla tout autrement. Et, en effet, en fomentant le mouvement anticlérical chez la voisine détestée dans le dessein d'y semer la division, le trouble, la discorde et plus tard les ruines, le gouvernement bismarckien, créateur de la grande Allemagne, et soucieux surtout d'affaiblir la France, se garda bien d'introduire l'anticléricalisme dans sa propre maison. Sans doute le chancelier de fer s'abusa étrangement, lorsqu'il tenta d'asservir le catholicisme à l'État prussien protestant. Mais ce fut là une pure faute politique. Bismarck, qui croyait en Dieu, ne songeait point à le chasser de la Confédération. Il le voulait seulement prussianiser, car Rome gênait le roi de Prusse dans ses relations avec la Divinité. Dès lors qu'il fut démontré au terrible metteur en scène du *Kulturkampf* que ce qu'il avait imaginé dans un but d'union plus étroite n'était qu'une cause de divisions intestines, il fit habilement, prudemment volteface. D'autant mieux que le génial organisateur qu'était Bismarck, s'il tenait la religion pour un frein désagréable quand elle le gênait, la considérait comme une force sociale de première importance en matière gouvernementale. Sa rude main de fer s'adoucit donc progressivement à l'égard de ceux qu'il venait de combattre, préparant de la sorte le règne du gant de velours qui les devait asservir. Car ce fut, à n'en pas douter, l'élève du chancelier, c'est-à-dire l'énigmatique, le tortueux et l'anormal Guillaume II qui acheva la conquête des forces religieuses de l'Allemagne au profit de ses ambitions dynastiques.

Rien n'est plus intéressant que de faire la comparaison entre la France et l'Allemagne de ce temps-là : elle vaut d'être examinée de nouveau. Cependant que la France officielle battait en brèche et sapait le Concordat, et que, par là, elle bouleversait les consciences, qu'elle entravait la liberté religieuse, qu'elle réduisait à la misère ou obligeait des milliers de prêtres et de religieux à s'exiler, l'Allemagne gouvernementale s'étudiait à faire exactement le contraire. La bouche en cœur et la langue emmiellée, elle flattait, elle exaltait la religion et ses ministres ; elle les enguirlandait, les enrégimentait, bref, mobilisait Dieu à son service en l'élevant, au sein de la grande Allemagne, au rang de puissance confédérée. *Gott mit uns*, — Dieu avec nous —, la fameuse devise germanique prit dès lors un sens particulièrement significatif.

Au vrai, la mise en scène et les rodomontades pangermanistes furent tellement soignées que Dieu, chassé de France, semblait avoir émigré en Allemagne. Ce fut du moins l'impression que ses nationaux ressentirent et qu'ils cherchèrent à répandre un peu partout. On cria, de par delà le Rhin, que Dieu délaissait visiblement la fille aînée de l'Église pour accorder désormais toutes ses préférences à la pieuse Allemagne. Si bien que l'idée d'une Allemagne à la fois religieuse et puissante s'opposa tout naturellement dans l'esprit des peuples à celle qu'il s'était faite de la France anticléricale et divisée. On prit en grande pitié la seconde, et l'on eut un profond respect pour la première. Dans le monde catholique entier, ou à peu près, l'on crut à la fin prochaine et lamentable de celle-là et à l'éternelle félicité de celle-ci.

Et d'ailleurs, comment eût-on soupçonné en ce temps-là la solidité de la couleur religieuse de l'Allemagne tout de même que celle de la nuance anticléricale de la France? La France? Mais, tandis que l'Allemagne multipliait les inscriptions : *Gott mit uns,* au point de paraître vouloir monopoliser Dieu après l'avoir mobilisé, elle avait soin, la France, d'enlever les crucifix de ses écoles, de ses palais de justice, de partout, en un mot ; et sur sa monnaie même elle effaçait la vieille devise : « Dieu protège la France. » A l'étranger, où l'on a coutume de considérer les choses de chez nous avec une fâcheuse tendance à la généralisation, l'on s'imagina à tort la France absolument dévoyée et mûre pour le châtiment suprême. Personne ne parut se douter que cet anticléricalisme forcené autant que bruyant (qui nous attirait une mésestime trop répandue à l'étranger), n'était au fond qu'un *accident gouvernemental* dont une violente tempête pouvait facilement nous débarrasser à un moment donné. Et puis l'on ne songea pas davantage que l'*accident* français, pour infiniment douloureux et regrettable qu'il fût, était peut-être moins dangereux pour la religion que la prétention à peine concevable des Allemands de se considérer comme les délégués officiels de la Divinité.

Voilà pourtant ce dont l'on aurait dû s'aviser. Car ce que l'on doit appeler l'accident français n'était que le résultat d'une révolte des appétits, très limitée dans son étendue. Personne ne pouvait se tromper, ni tromper les autres sur le sens et la portée réels de son action. Sans compter que l'autorité religieuse avait tout droit d'agir et de réagir contre cette révolte, de la condamner et de la flétrir.

En Allemagne, la prédestination officielle offrait un caractère autrement perfide. Sous couleur de respect, voire de tendre et profonde piété, le gouvernement impérial s'appliquait à monter les esprits dans un but des plus matériels. Il leur insinuait, par la voix de ses professeurs, de ses savants, de ses prédicateurs et de ses écrivains, que tout en Allemagne était agréable à Dieu, que les appétits allemands étaient bénis de l'Éternel, que les desseins du peuple allemand se confondaient avec ceux du Ciel, et que tout ce que voulait un bon Allemand en vue du plus grand bien de la patrie allemande, Dieu le voulait, attendu que, toujours et partout, Dieu se conduisait en bon Allemand : *Gott mit uns*.

On voit par là toute la différence qui sépare le procédé allemand du procédé français, et combien le bloc germanique solidement constitué devait en imposer à l'univers entier, en regard de la France divisée et livrée aux pires désordres. De cette différence essentielle ressort la double surprise apportée par le développement de la guerre à tout ce qui, sur la terre, est capable de réflexion et de saine appréciation des faits. Sous la ruée furieuse de l'Allemagne en délire, l'accident français se répare dans l'union sacrée la plus parfaite, dans le sang, la souffrance, les larmes et l'héroïsme, cependant que le masque hypocrite de la vertueuse Allemagne se détache, tombe et laisse voir à l'univers ahuri et transporté d'indignation la vile physionomie qu'elle savait si bien dissimuler.

De ces deux surprises, je ne retiendrai que la dernière, sans compter que les limites de cet article ne me permettent point de consacrer au merverveilleux réveil de la France la place qu'il mérite : tout ce que nous savons de nos vaillants et incomparables soldats et tous les prodiges de dévouement et de charité dont nous sommes les témoins à l'arrière, nous renseignent suffisamment sans qu'il soit nécessaire d'insister dans ces pages, qui ont surtout pour objet de dénoncer à l'opinion publique les crimes du pangermanisme.

J'ai dit que, d'après l'étude de M. le chanoine Gaudeau, le *moi* allemand s'était substitué au Dieu réel, et que c'était à lui-même qu'il rapportait désormais ses hommages, et non plus à l'idéal vivant et personnel de vérité et de justice qui est l'unique objet et l'âme de la religion. Au reste, chacun peut sans grand'peine trouver une preuve de cette substitution sacrilège dans le spectacle que n'ont cessé de nous offrir les Germains depuis qu'ils ont jeté bas le masque. Est-ce que tout ce spectacle d'horreur et d'épouvante ne témoigne pas du renversement de tout droit naturel, de toute morale et de toute religion réelle au profit du fameux *moi* allemand ? Chose remarquable : le peuple allemand, qui n'a pas cessé d'être religieux, l'est à sa manière à lui. Ses maîtres pangermanistes en ont fait un peuple autolâtre. Peut-être ne se croit-il pas tout à fait Dieu. Mais, à coup sûr, il se confond avec lui. Car l'Allemand, en tant qu'Allemand, se pique d'être en communion plus directe que n'importe qui avec la Divinité, puisque aussi bien la Divinité est allemande d'attitude, de préférence et de goût. Donc le peuple allemand est à ses propres yeux, non seulement un peuple privilégié, mais un peuple prédestiné ; pour tout dire, il est le peuple de Dieu. S'il n'avait pas de lui-même une opinion aussi prétentieuse que folle, l'Allemand ne croirait pas à la bonté, à la justice, à la vérité de tous ses appétits, simplement parce qu'ils sont allemands. Mais les appétits germaniques, à quelque ordre de choses qu'ils se rapportent, sont, comme on a pu en juger, des appétits sacrés ayant force de loi. L'appétit allemand, c'est donc la loi, et cette loi, parce qu'elle est allemande, gravit un degré dans l'échelle des préséances et s'intitule la loi divine. Par là apparaît tout le tragique de la devise fameuse : « *Gott mit uns* », qui, en toute sincérité, sinon en tout bon sens, fait de la cause allemande la cause même de Dieu.

Que l'on pénètre dans tous les recoins de la mentalité allemande, telle du moins qu'elle s'est révélée à nous durant dix-neuf mois de guerre, et peut-être trouvera-t-on dans ce brouillamini moral, dont l'Allemagne donne au monde entier un si étrange spectacle, la raison de la formidable et tranquille inconscience dont elle fait preuve. Quand on a partie liée avec Dieu, au point de trouver dans cet accord complet toutes les puissances unies à toutes les audaces, il est clair que l'on est vraiment le peuple élu, le peuple prédestiné, le peuple Dieu, auquel tous les autres peuples doivent respect, soumission et obéissance aveugle.

Donc, aux yeux des Teutons, ce n'est pas l'Allemagne qui peut avoir le moindre tort dans la tragique aventure où nous nous débattons : les seuls coupables sont les peuples qui n'acceptent pas sa domination sacrée. Et puisque, nouveaux Philistins, Madianites, Amalécites, Ammonites et autres peuples infidèles, ils se refusent à reconnaître cette domination en se courbant sous le joug du nouvel Israël, c'est à celui-ci à démontrer par le glaive et le feu sa mission providentielle. En raison de quoi, tous les moyens dont il usera seront légitimes, tandis que ceux dont se serviront pour se défendre les peuples infidèles seront coupables. Car il est aussi légitime de tout oser pour assurer le succès d'une mission providentielle qu'il est criminel de s'y opposer. Le *Kaiser* pourra dire en toute vérité : « Qui n'est pas avec moi est contre moi », et tenter par la suite n'importe quelle action barbare contre les nations qui ne sont pas avec lui. Son peuple, lui, n'aura qu'une voix pour répondre : « Qui n'est pas avec nous est contre Dieu ; malheur, trois fois malheur à ceux qui se flattent d'être contre nous ! La main de Dieu est levée sur leur tête pour les frapper et les détruire ! »

C'est à cette folie sanguinaire (que ne veulent pas comprendre certains neutres) qu'a abouti l'égotisme allemand. Cette folie, il ne faut pas se lasser de le dire, est une menace pour l'univers entier, puisqu'elle ne prétend à rien de moins qu'à l'hégémonie universelle. A voir comment elle a traité les pays où elle a réussi à s'implanter provisoirement (la Belgique, le Nord-Est de la France, la Pologne, la Courlande, la Serbie, le Monténégro), je ne suppose point que d'aucuns puissent encore obstinément conserver des illusions à cet égard. Que le cher clergé d'Alsace-Lorraine, surtout, se débarrasse au plus vite de celles qu'il a eu le malheur de puiser dans les Universités allemandes, et que, jugeant entre l'Allemagne officielle prédestinée et la France gouvernementale anticléricale, il sache distinguer le général du particulier et séparer le définitif de l'accidentel !

XXIV — GERMANISME ET ANTICLÉRICALISME

Certaines personnes, il est vrai, croient au réveil de la nation allemande après la victoire des Alliés. Volontiers je le croirais, pour ma part, si l'engourdissement moral de l'Allemagne ne tenait qu'à des causes fortuites. Dans ce cas, l'on pourrait espérer que le providentiel coup de foudre qui a fait sursauter la France, et l'a réveillée tellement qu'elle s'est retrouvée elle-même, produirait le même effet bienfaisant sur l'Allemagne. Mais le malheur est que l'Allemagne ne dort point, elle; elle est tout simplement folle d'orgueil et de convoitise. Or quel coup de tonnerre a jamais enlevé sa marotte au fou, et notamment au fou dont le dérangement d'esprit consiste à se prendre pour Dieu? S'il faut en croire les maîtres de la science aliéniste, la folie des grandeurs serait, de toutes les variétés de démence, la plus dangereuse et la moins guérissable.

En ce qui concerne l'Allemagne, et sauf un miracle toujours possible à Dieu, il me paraît difficile de ne pas me ranger à l'opinion des médecins aliénistes, et de croire à sa guérison. La Germanie vaincue ne sera pas une Germanie guérie, au contraire. Ce sera une démente exaspérée qui, comme beaucoup de déments, gardera par ailleurs et sur d'autres points une intelligence entière et une volonté soutenue. Son orgueil, son hypocrisie, sa brutalité, son épais matérialisme, ses rêves d'hégémonie demeureront intacts sous le nouveau masque dont elle aura l'habileté de les recouvrir, en attendant la revanche. Car, il ne faut pas se le dissimuler, tout ce que nous avons vu accomplir par l'Allemagne, depuis quarante-cinq ans, pour la conquête, sera tourné demain vers la revanche, que l'on nommera probablement chez elle la « revanche de Dieu ». La Germanie restera donc, au demeurant, un grand danger pour l'Europe de demain et pour le monde entier. Pour peu que les puissances alliées ne trouvent pas le secret de briser à jamais sa formidable armature au point de la rendre impuissante à se reconstituer, le soi-disant peuple de Dieu renouvellera ses néfastes exploits. C'est dans la nature des oiseaux de proie, tels que vautours et corbeaux, de se repaître de chair et de sang ; l'on ne change point la nature des peuples ; et les Germains, qui sont les vautours et les corbeaux du monde civilisé, ne se soucieront pas de faire le moindre effort pour aiguiller la leur sur une autre voie. En mettant en jeu les ressorts de leur discipline, de leur hiérarchie, de leur soumission absolue de l'initiative individuelle à la solidarité nationale et de la mobilisation perpétuelle de toutes les forces vives de la nation — le germanisme nous en est un exemple — par la force suprême de l'État, l'Allemagne recommencera sur de nouveaux frais la partie manquée. Les Germains et les germanistes ont trop donné, dans le passé, la mesure de leur génie organisateur pour qu'il soit possible de douter, dans l'avenir, de leur puissance de réorganisation. Dans l'intérêt de la religion, aussi bien que dans celui des peuples, on ne peut exprimer qu'un souhait, en fin de compte : celui de voir les puissances alliées réussir à imposer au germanisme vaincu, non un traité de paix ordinaire, mais un traité qui tienne de la camisole de force.

Table des Matières

		Pages.
I.	La Légende de Saint Materne	5
II.	Le Drapeau tricolore en Alsace	11
III.	Le Retour de la France	14
IV.	Le Cas de conscience d'un petit Alsacien	19
V.	La Révolte d'une petite Lorraine	24
VI.	Le Salut à l'obus	29
VII.	Mères d'Alsace	34
VIII.	L'Arrestation des Pères Rédemptoristes de Riedisheim	40
IX.	Pendant que sonne la charge	52
X.	Protestation contre le récent réquisitoire de M. Barathon du Mouceau	58
XI.	L'Ame alsacienne	62
XII.	Les Atrocités allemandes en Alsace	71
XIII.	Une Ame alsacienne	76
XIV.	La Montée douloureuse	81
XV.	Un Enterrement de poilus à B...	86
XVI.	Distribution solennelle des prix à D...	89
XVII.	La Revue du 14 juillet 1915	92
XVIII.	Nos Poilus instituteurs	95
XIX.	Prologue d'une conférence	100
XX.	Comprenons-nous!	109
XXI.	Les deux voix	118
XXII.	Le lieutenant-colonel Macker	128
XXIII.	L'Anticléricalisme « made in Germany »	134
XXIV.	Germanisme et Anticléricalisme	165

311-18
IMPRIMERIE
DES ORPHELINS-APPRENTIS
40, RUE LA FONTAINE
PARIS-AUTEUIL
(XVI°)

www.ingramcontent.com/pod-product-compliance
Lightning Source LLC
Chambersburg PA
CBHW060521090426
42735CB00011B/2324